O monopólio da fala

FICHA CATALOGRÁFICA
(Preparada pelo Centro de Catalogação na fonte do Sindicato Nacional dos Editores de Livros, RJ)

S663m
Sodré, Muniz.
O Monopólio da fala; função e linguagem da televisão no Brasil. Petrópolis: Vozes, 8. ed. 2010.
156p.
ISBN 978-85-326-2158-0
Bibliografia.
1. Comunicação de massa – Meios. 2. Teletransmissão – Aspectos sociais. 3. Televisão – Brasil I. Título. II. Título: Funções e linguagem da televisão no Brasil. III. Série.

CDD 301.161
301.1610981
791.450981
CDU 659.3
32.019.5:654.19
77-0360
32.019.5:654.19(81)

Muniz Sodré

O monopólio da fala
(Função e linguagem da televisão no Brasil)

EDITORA VOZES

Petrópolis

© 1977, Editora Vozes Ltda.
Rua Frei Luís, 100
25689-900 Petrópolis, RJ
Internet: http://www.vozes.com.br

Todos os direitos reservados. Nenhuma parte desta obra poderá ser reproduzida ou transmitida por qualquer forma e/ou quaisquer meios (eletrônico ou mecânico, incluindo fotocópia e gravação) ou arquivada em qualquer sistema ou banco de dados sem permissão escrita da Editora.

Diretor editorial
Frei Antônio Mozer

Editores
Aline dos Santos Carneiro
José Maria da Silva
Lídio Peretti
Marilac Loraine Oleniki

Secretário executivo
João Batista Kreuch

Projeto gráfico: AG.SR Desenv. Gráfico
Capa: Marta Braiman

ISBN 978-85-326-2158-0

Editado conforme o novo acordo ortográfico.

Este livro foi composto e impresso pela Editora Vozes Ltda.

Para
Antônio e Elza Cabral,
meus pais.

Sumário

Introdução, 9
1. Conceito de televisão, 13
   A violência do *medium*, 32
   1984 é hoje, 44
   Comunicação e desejo, 50
2. A linguagem da televisão, 54
   1. Processo de individualização familiarizada, 56
   2. Processo de repetição analógica do real, 66
   3. Reprodução do já existente e elaboração em espelho da fantasia, 76
3. Televisão no Brasil, 84
4. TV e cultura brasileira, 115
5. Futebol, teatro ou televisão?, 136

Introdução

Numa das edições anteriores a esta de agora citávamos a cifra (computada pela Unesco) de 900 milhões de telespectadores existentes no mundo. Pois bem, hoje, na primeira década do século XXI, apenas a audiência da TV estatal chinesa já ultrapassa esse número. Ali mesmo se registra o recorde mundial de audiência televisiva: Nas Olimpíadas de 2008, cerca de 4,7 bilhões (70% do planeta) de pessoas assistiram aos jogos, no período de uma semana. Nos megaeventos internacionais, a cifra-padrão costuma atingir grandeza numérica. Estima-se que 2,5 bilhões de pessoas tenham acompanhado o funeral da Princesa Diana em 1997.

O que se passa no Brasil?

Se em 1970 eram 4,2 milhões de domicílios com TV em todo o território nacional (24,1%), em 2008 eram 57,5 milhões, o equivalente a 94% dos domicílios ou 95,1% da população. Em 2005, a Pesquisa Nacional por Amostra de Domicílio (Pnad/IBGE) verificou que no país havia mais gente com TV colorida do que com esgoto: enquanto 162,9 milhões de domicílios possuíam o aparelho, apenas 132,2 milhões contavam com esgoto em suas residências, ou seja, 32,3% a menos.

Já em meados da década de 1970, a televisão representava 70% do instrumental de comunicação social, suplantando, em termos quantitativos, a imprensa escrita, o rádio e o cinema.

Embora as vendas de aparelhos continuem em crescimento neste século (uma média de 9 milhões de aparelhos por ano), o fenômeno da informática incide de forma perturbadora sobre a indústria televisiva. Assim é que, em 2008, foram vendidos mais computadores do que tvs no Brasil, país onde os internautas passam três vezes mais tempo em rede do que diante da televisão. Aliás, é o brasileiro quem passa mais tempo em rede no mundo.

No entanto, algo permanece inalterado no que diz respeito ao *medium* televisivo: a confirmação de sua verdadeira vocação como síntese hegemônica dos discursos, das práticas "artísticas", das diferentes possibilidades de linguagem. Apesar da multiplicação dos canais, graças à tecnologia do cabo, a mais profunda natureza da TV requer o silêncio do ouvinte, do telespectador, condenado pelo estatuto da moderna produção monopolística a uma relação social que o define como mero usuário: desde bens de consumo materiais e culturais até mesmo a palavra irresponsível de um *Outro,* confundido com o código da ordem produtiva. O estilo da imagem televisiva é o da notificação, remota e unilateral. A ela corresponde um verdadeiro poder notificador, articulado com outras formas monopolísticas da sociedade moderna.

É verdade que, nesse meio-tempo, provêm da acelerada mutação tecnológica em curso recursos inéditos de interatividade. Isto ocorre com a internet. Ocorre igualmente com a disseminação da telefonia móvel, para cujos dispositivos tende convergir a própria televisão. Há hoje no Brasil, segundo dados da Agência Nacional de Telecomunicações (Anatel), cerca de 175 milhões de celulares em funcionamento para uma população de quase 190 milhões de habitantes. Ao todo, há 0,91 celular por pessoa no país.

Nada disso alterou, entretanto, a relação comunicacional instituída pelo *medium* televisivo. Daí, a reiteração editorial deste livro, cuja intenção foi desde o início suscitar a reflexão e o debate sobre um projeto semioideológico extensivo à vida nacional por inteiro. Acreditamos, hoje como ontem, que qualquer tentativa de analisar a televisão como um meio isolado, independente de sua relação com as outras mídias e com o modo de produção econômico dominante, será sempre insuficiente. Por isso, procuramos caracterizar um *sistema da televisão*, imbricado com as outras instâncias através das quais o Estado moderno reproduz a sua ordem.

Nossa metodologia se vale de uma leitura semiológica, sem formalismos, do fenômeno sociocultural, onde a História entra como uma dimensão imprescindível. A alternância de uso dos termos medium, meio de informação, veículo de massa era corrente nos textos sobre comunicação décadas atrás, e resolvemos mantê-la, mesmo cientes de que *mídia* é propriamente um conceito e não simplesmente um suporte técnico.

Reiteramos também, como em edições anteriores, as palavras do mexicano Luis Echeverria: "Creio que a televisão contribuiu para romper a relação psíquica que é característica da civilização. Penso que, ante a gigantesca tela de televisão, o indivíduo está só, isolado, passivo. Cultura é outra coisa; cultura é o diálogo; cultura é a descoberta da verdade; cultura não é a passividade, embora os meios técnicos para a feitura e divulgação dos programas sejam assombrosos. O que acontece é que devemos fazer uma reflexão construtiva, com autocrítica, e que meditem realmente os dirigentes deste meio eletrônico sobre o que é cultura, o que é a pessoa humana".

Na realidade, seja qual for o seu desdobramento técnico (computador, aparelho de tevê, celular etc.), o *medium* continua pondo em pauta essas mesmas inquietações de décadas atrás. O monopólio da fala, nos termos aqui desenvolvidos, continua intacto.

O autor

I
Conceito de televisão

Controle remoto (*Search*), seriado de televisão, costuma divertir o seu público com a figura de um herói "computadorizado". Não se trata do clássico homem cibernético, do *cyborg* da ficção científica, mas de um detetive superinformado. No dedo, à guisa de anel, leva uma minúscula câmara de tevê, que o liga diretamente a uma central de computadores. Dali especialistas orientam seus movimentos, detectando perigos, fornecendo-lhe informações sobre lugares, coisas, gente. Nada escapa à rede informativa da central, nem mesmo uma onda cerebral correspondente ao *frisson* do detetive ante uma loura platinada. As investigações ou as pequenas batalhas se decidem realmente pela manipulação de bilhões de dados estocados nos sistemas eletrônicos. O próprio investigador de campo é uma peça da fabulosa engrenagem. O espectador não demora a convencer-se de que o verdadeiro herói de *Controle remoto é a informação*. Sem esta, não existe aventura.

Mas um espectador ainda mais atento poderia ver nessa série romanesca uma metáfora do funcionamento do *sistema da televisão* nos dias de hoje. Sim, televisão é mesmo um sistema, e suas peças não se compõem apenas de metal, válvulas ou transistores – as pessoas fazem parte delas.

O que é televisão?

Do ponto de vista das necessidades imediatas do mercado capitalista, o primeiro ponto observável dessa engenhoca tecnológica, capaz de hipnotizar cotidianamente centenas de milhões de pessoas com imagens cinéticas, é a sua mais absoluta superfluidade. Realmente, a televisão não surgiu para responder a uma "necessidade" real de comunicação por imagens. O rádio também não, de certo modo. Mas a técnica radiofônica propiciou o contato entre regiões distantes, culturas diversas, fazendo emergir formas comunicacionais que já se impunham diante da pressão dos descobrimentos e expansões posteriores à Revolução Industrial.

A televisão, ao contrário, não veio atender a nenhuma espera específica e preexistente da comunicação social. Surgiu diretamente do meio técnico, como resultado da crescente autonomia dos bens eletrônicos (do mercado) com relação às reais carências humanas. A televisão é uma técnica, um eletrodoméstico, em busca de necessidades que a legitimem socialmente. A ela se associaram, nas últimas três décadas, várias outras inovações (videoteipe, videocassete, gravadores, reprodução eletrostática, computadores) que, combinadas com anteriores meios de informação e entretenimento (jornal, rádio, cinema) e com dispositivos técnicos de comunicação e contato (telefone, teletipo), permitem-nos falar de um *sistema* de intervenção crescente do Estado, e de ampliação de seu poder, no âmbito do livre circuito da comunicação social.

A rigor, essa intervenção data, nos tempos modernos, da época de consolidação da imprensa, embora o processo tenha começado em meados do século XV, com o descobrimento do tipo móvel por Gutenberg. Na Europa, a partir do século XIX, o desenvolvimento da técnica tipográfica (a linotipo surgiu em 1857, a rotativa em 1868), aliado à formação dos mercados nacionais, do aumento populacional e das grandes concentrações urbanas, faz dissociarem-se como nunca no passado os termos polares (falante/ouvinte, emissor/receptor) da relação de comunicação. De um lado, alinham-se os que escrevem e imprimem; de outro, os que consomem e tendem a se constituir numa camada cada vez mais ampla, dispersa e heterogênea. A partir da segunda metade do século XIX, a escolarização, o sufrágio universal, o desenvolvimento industrial e o irreversível processo de urbanização delegam à imprensa o poder de polarizar as demandas de informação por parte de uma massa humana cada vez mais atomizada e sequiosa de uma identidade coletiva. Por volta de 1860, já estava delineado, tanto na Europa como nos Estados Unidos, o perfil da grande empresa informativa.

O que pode parecer um fenômeno "natural", resposta lógica a uma necessidade "espontânea", deve ser visto, no entanto, como um caso particular de extensão das renúncias, das alienações originais, que a evolução da ordem produtiva impõe aos sujeitos. Assim, às alienações de ordem econômica, sexual, política e linguística – necessárias para que o indivíduo se inscreva simbolicamente na Ordem Social e nas relações por ela instituídas – junta-se agora a alienação da expressão dialogal. Na grande concentração humana, o sujeito obriga-se a abrir mão do primado do contato direto e da comunicação oral para não mergulhar no caos do sentido.

Entretanto, a nova modalidade comunicacional, fundada na imprensa, amplia ao mesmo tempo a função disciplinar iniciada pela escrita no Ocidente. A escrita já assegurava o registro e a transmissão das informações na forma de uma centralização e esquematização dos sujeitos – por exemplo, classificação dos estudantes por idade e por tipo de tarefa. A imprensa vem assegurar a transmissão de informações sobre a vida cotidiana, mas também amplia, em novas formas, a centralização do poder e o disciplinamento do cidadão. O leitor de jornal, o público de massa, são categorias (abstrações) produzidas a partir desse poder organizador de linguagem constituído pelo *medium*, isto é, pela mediação técnica entre falante e ouvinte, informante e informado. É dessa maneira que a imprensa marca o início da moderna disciplina do diálogo pelo Poder.

A forma desse poder tem continuidade com os mecanismos de disciplinamento do débil mental (a psiquiatria), do delinquente (a polícia, a prisão), do trabalhador (a fábrica), do jovem (a escola liberal, o orfanato), das maneiras, dos gestos, do corpo. Esse poder disciplinar generalizado, hoje analisado com o máximo de rigor por Michel Foucault, é o *panóptico*, termo e sistema inventados por Jeremy Bentham em 1792. *Panopticon* era o nome reservado por Bentham para uma penitenciária modelar, sem calabouços nem torturas, dentro da melhor inspiração liberal. A arquitetura panóptica pressupõe uma construção circular, com filas de células abertas para um pátio interno, onde se levanta uma torre de observação. Dentro dela, um inspetor tudo vê sem ser visto. Em sua cela individual, o prisioneiro é fixado espacialmente, como um ponto sempre controlável pelo olhar do vigia. Isolado, o prisioneiro é individualizado pelo controle coletivo do centro. Este, por sua vez, é anônimo, sem corpo, pois sua força reside na invisibilidade: o prisioneiro não poderá conhecer o momento de sua vigilância, jamais saberá se está ou não sendo vigiado. Para Bentham, tal poder anônimo é a própria democracia, sistema em que qualquer um poderia assumir o poder ou então vigiá-lo. O princípio da vigilância absoluta (*universal inspection principle*) é o esquema formal do regime liberal – a máquina do poder democrático. Sua eficácia é do tipo *pedagógico*. E Benthan aventa mesmo a hipótese de aplicação do panoptismo às fábricas, escolas ou à ordem produtiva em geral. Doravante, nada escaparia ao Poder, multiplicado – não pela violência física ou pelos rituais cerimoniosos, como na monarquia – por esse olho vigilante e onipresente: o olho do próprio vigiado.

O jornal não aparece, portanto, na história como pura "extensão" (uma *tribune aggrandie*, na expressão de Benjamin Constant) da vez de um informante ou de um polemista. A periodicidade da folha noticiosa, implicando a regularização tanto do tempo de produção do discurso informativo quanto do próprio conteúdo da informação, já era função do remanejamento panóptico do espaço social. E, nos dias de hoje, os serviços iniciais do jornal ampliaram-se até o campo de ação explicitamente pedagógico, levando-o a desdobrar-se em revistas, fascículos etc. A televisão, imbricada com as instituições fundamentais da civilização ocidental (capital, família, democracia, escrita), é o mais recente e mais bem acabado momento técnico do panoptismo na comunicação social. Não existe a tão propalada incompatibilidade de estrutura entre a "civilização da imagem" e a da escrita. Na verdade, a moderna "revolução" eletrônica dos meios de informação só coloca a escrita em segundo plano quando, na Europa, a democratização desta já permitia às camadas populares uma melhoria em suas posições no terreno das lutas ideológicas. Enquanto a imprensa estava aberta às possibilidades artesanais, ela foi para essas camadas (século XIX) um poderoso instrumento de luta.

O conceito de televisão não pode limitar-se às suas particularidades tecnológicas ou, eventualmente, estéticas. Televisão é um sistema informativo homólogo aos códigos da economia de mercado e acionado pelo desenvolvimento tecnológico. Os jornais, o rádio, a revista e outros meios de informação ou de entretenimento integram esse sistema com uma função de *metacensura*. Em outros termos, os diversos veículos tendem a justificar culturalmente os conteúdos passíveis de transmissão pela tevê propriamente dita. Essa transmissão, como veremos, já implica numa *censura* – da possibilidade de responder ou de falar. Jornais e revistas a aceitam (como implícita no próprio processo civilizatório do Ocidente), costumando reivindicar apenas a elevação do nível dos conteúdos culturais transmitidos, ou seja, a melhoria da censura.

A ideia de um *sistema da televisão* ou de um *sistema informativo* encontra pleno apoio na teoria econômica. Com efeito, do ponto de vista econômico, não se pode considerar os meios de informação como indústrias isoladas, mas como "cadeias de atividades", na expressão do economista francês Henri Mercillon[1]. Este visualiza uma "cadeia" estabelecida a partir de cada *medium*. Por exemplo, a televisão funciona em conexão com indústrias e serviços de aparelhagem, consertos, publicidade, vendas etc. Igualmente, os investimentos gigantescos em telecomunicações, cabos coaxiais e outros sempre foram impulsionados pelas atividades da imprensa e do rádio.

O sistema a que nos referimos deve ser entendido como um complexo institucionalizado de meios de informação interdependentes (inclusive do ponto de vista do consumidor, as despesas com a indústria cultural se apresentam conexas) e com uma

---

1. MERCILLON, Henri. *Economie de l'information.* [Apostilas de curso dado na Sorbonne, no período de 1966/1967.].

tendência à homogeneização de suas mensagens. Esse complexo – que compreende jornais, revistas, rádio, discos, livros – foi sempre marcado por formas produtivas (reprodução e difusão) de tecnologia avançada. No momento, a tecnologia da televisão "coroa" o sistema, funcionando como sua última palavra técnica e sua mais sedutora proposta informacional. Esse sistema reflete, com mediações, a lógica da produção dominante numa sociedade, podendo ser ou não integralmente capitalista. O modelo norte-americano, evidentemente, é o tipo mais integral na perspectiva da economia de mercado.

Aceito o conceito de sistema, qualquer desenvolvimento da questão à maneira de Marshall McLuhan[2] será sempre um falseamento teórico. Que tem ele afirmado? Em linhas gerais, que as novas tecnologias utilizadas pelos meios de informação vêm alterando, por suas próprias estruturas, os modos de pensar e agir do homem contemporâneo. Para o teórico canadense, a televisão é um *medium* independente (pensável em separado do jornal e do rádio), cujo poder ou influência se explicaria por sua natureza eletromagnética. A imagem da tevê é composta por feixes de luz isolados, impulsos elétricos que partem descontinuamente de um emissor, de forma semelhante a uma rede, ou a um mosaico. O impulso elétrico é o suporte material da imagem, que se constitui no cérebro do espectador, depois que seu olho acompanha o deslocamento de um ponto luminoso microscópico. Há cerca de três milhões desses pontos por segundo, mas apenas alguns são captados pelo olhar. Quanto aos espaços vazios da "rede", são preenchidos pela participação

---

2. Principalmente em *Understanding media*, publicado no Brasil sob o título *Os meios de comunicação como extensões do homem*, e em entrevistas esporádicas.

sensorial do espectador. Pois bem, segundo McLuhan, a força do *medium* está não no que ele diz (o conteúdo da programação) nem em seus impulsos elétricos, mas nos intervalos entre esses impulsos – os vazios da rede. Ao contrário do cinema, onde as imagens colam-se umas às outras e se imporiam pelo conteúdo, a televisão retiraria o seu poder desse *suspense* permanente constituído pela descontinuidade dos impulsos eletromagnéticos.

A falácia da argumentação de McLuhan é óbvia. Em primeiro lugar, ele desconhece a presença de uma descontinuidade em todo ato perceptivo – e não apenas no caso da televisão. Em segundo, ao procurar explicar o *medium* por seu efeito tecnológico, coloca-se no interior de seu código – destacando apenas um de seus aspectos – e limita-se a *reconhecer* o seu funcionamento. Não há *conhecimento* a partir daí, pois os juízos globais produzidos serão sempre circulares: televisão será aquilo que ela mesma nos diz ser. Tautologicamente, televisão é televisão.

Pouco importa que McLuhan mude o seu tom laudatório e comece a tecer críticas aos *media*. Sua argumentação só leva a um caminho: a adaptação ao decantado "poder instantâneo e universal do *medium* eletroacústico". A única "imunização" possível seria ajustar-se ao controle do sistema – "robotizar-se para se adaptar", em suas declarações mais recentes.

Entretanto, pode-se detectar nas proposições de McLuhan elementos valiosos para uma verdadeira teoria da televisão. Quando ele põe em segundo plano o conteúdo da programação e diz que a mensagem é o *medium* (ou seja, o continente, a tevê em si mesma), indica um caminho fértil para o trabalho teórico. Efetivamente, o que pode levar a um *conceito* de televisão é a *forma* de relações sociais a que ela induz a partir de sua sistematicidade operacional.

As relações sociais (políticas e ideológicas), como se sabe, não podem ser pensadas fora de sua condição de práticas de classes situadas em oposições. Por sua vez, os meios de informação (os *media*) constituem em seu conjunto um aparelho que realiza ideologicamente o poder de Estado. Essa realização é sempre contraditória, uma vez que no interior do aparelho podem chocar-se forças políticas conservadoras e transformadoras ou correntes ideológicas retrógradas e inovadoras – ou ainda haver uma diferença entre o nível próprio de atuação do *medium* e uma determinada conjuntura estatal. Em qualquer dos casos, porém, o aparelho informativo se articula ideologicamente com a classe que controla o Estado e se investe de sua estrutura, isto é, assume a *forma* geral do poder de Estado. A ideologia, como a televisão, é também essencialmente *forma* (de um poder).

O panoptismo, forma moderna do poder de Estado, é apenas outro nome para a ideologia dominante, que é invisível, em seu funcionamento interno, para os sujeitos. O poder panóptico é feito de um modo de produção concentracionário e centralizador – concentração da população em cidades e da propriedade em poucas mãos, centralização dos meios de produção e da força política e mesmo condensação da representação linguística no signo (o logocentrismo). A impalpabilidade e a imaterialidade das relações panópticas correspondem a uma fase determinada do modo de produção capitalista em que os valores (ou apenas o valor: a forma equivalente geral das trocas) já se acham centralizados, caminhando para uma síntese e uma abstração crescentes. Por exemplo, o dinheiro-papel é mais sintético e mais abstrato que o ouro como equivalentes gerais de troca, mas a moeda contábil (escriturada) já é mais impalpável e mais abstrata que o dinheiro. Da mesma forma, uma imagem visual (num cartaz, no cinema, na televisão) tende a ser mais sintética e mais abstrata que o signo escrito. "Uma imagem vale dez mil palavras", antecipava um velho provérbio chinês.

Nesta forma equivalente geral – centralizante, sintetizante e abstratizante – se acham as raízes da forma do poder capitalista, ou seja, da ideologia ocidental. Esse poder consagra e reforça a divisão social ao nível das relações de produção (por exemplo, mantendo a separação radical entre capital e trabalho) e das relações políticas e propriamente ideológicas. A separação dos termos polares do processo de comunicação (falante e ouvinte convertidos em emissor e receptor) começa com a escrita, consolida-se com a imprensa e encontra o seu último recurso abstrato na televisão. A forma de poder exercido pela tevê decorre de sua absoluta abstração com respeito à situação concreta e real da comunicação humana. Nesta abstração baseia-se o controle social do diálogo.

Mas é preciso deixar claro que as lutas em torno do exercício do discurso são bastante velhas. Quando os sofistas, na Grécia Antiga, reduziam a dialética à retórica, a uma mera técnica de fala e discussão, não tinham em vista um abstrato saber filosófico, mas prática concreta de classe, destinada a possibilitar ao cidadão ateniense a defesa de seus interesses políticos nas assembleias. São também relações de poder que estão em jogo quando Platão na *República* contrapõe a dialética à erística (ou sofística – arte de contradizer o interlocutor através de paralogismos ou quaisquer outros recursos disponíveis). Ganhar a discussão através de puros jogos de palavras é a regra da argumentação erística.

E Platão, no *Eutidemo* (um dos mais satíricos e polêmicos de seus diálogos), exemplifica: "Este cão é teu e é pai, logo ele é teu pai". Que importância tem um juízo dessa ordem na prática política? A importância da possibilidade de deixar sem resposta imediata o adversário numa discussão.

O discurso erístico anula a *troca* fundamental da comunicação, já que o propósito do falante é falar sozinho. Não se constrói aí nenhum espaço onde uma verdade possa vir a ser provocada pela linguagem: a significação já nasce fechada. A abertura cede à univocidade, o monólogo substitui o diálogo. Em seu famoso *Ensaio sobre a dádiva*[3], Marcel Mauss demonstra ser a troca um movimento estrutural básico em toda organização social. A troca não se dá apenas no nível econômico, mas também em várias outras instâncias da vida social, tais como as relações de parentesco, linguísticas, políticas. O aspecto linguístico interessa particularmente ao problema da comunicação, porque a mobilidade simbólica (que possibilita o livre fluxo das significações linguísticas e funda a reciprocidade da comunicação humana) é estabelecida pela troca. Esta, implicando na obrigação de retribuir, pressupõe que a hierarquia social seja pluralista e não cristalizada. Só assim se ativam mecanismos de reequilibração, capazes de manter o jogo das classes em aberto ou de reabrir a disputa em torno do sentido.

A centralização panóptica consolida uma supremacia, fechando progressivamente as possibilidades de troca, impondo a disposição de receber. É assim que a televisão pode realizar, de outra maneira, os fins da erística. A produção fechada do sentido,

---

3. MAUSS, Marcel. *Sociologia e antropologia*. Vol. 2. São Paulo: Epu/Edusp, 1974.

a não reciprocidade entre falante e ouvinte, são corolários da abstração que o sistema televisivo faz da troca concreta da comunicação. Agora, a regra do jogo é fingir que o *medium* (o intermediário técnico entre falante e ouvinte) equivale à completa realidade comunicacional dos sujeitos. E o primeiro grande falseamento operado por essa ficção é confundir *informação* com *comunicação*. Realmente, quando dois indivíduos se comunicam, diz Edmond Ortigues[4], "o essencial não reside no fato de que aquilo que estava anteriormente na cabeça de um deles vá se reencontrar, por meio da expressão, na cabeça do outro, mas no fato de que o comportamento do segundo apareça como uma reação em resposta à fala do primeiro. O essencial reside no fato de que toda situação do homem no mundo, ou toda presença comum a vários homens num horizonte qualquer de universo, é uma realidade que implica a linguagem em sua constituição, seu advento, sua realização". Mais explicitamente, comparando-se uma situação humana, por exemplo, à marcha dos acontecimentos numa peça de teatro, à "ação" teatral, vê-se que em ambas a lógica das situações deixa transparecer a constituição do discurso implicado. Isto porque o sentido tem de se abrir continuamente para fazer face a novas situações, fazendo emergir assim a multiplicidade de possibilidades da experiência e do conhecimento.

É no *diálogo*, portanto, que a comunicação se revela plenamente como *troca*, dando margem ao conhecimento recíproco dos sujeitos ou até ao conhecimento de si mesmo, na medida em que pode incorporar o discurso do outro. É preciso resguardarmo-nos de toda metafísica do diálogo (ou de uma metafísica da troca), mas é tam-

---

4. ORTIGUES, Edmond. *Le discours et le symbole*. Paris: Aubier, 1962.

bém necessário saber apreendê-lo como espaço linguístico onde as diferenças intersubjetivas aparecem, indicando uma perspectiva de verdade da relação de comunicação.

A moderna relação informativa, ao contrário, pressupõe a organização do ato de falar em instituições empresariais ou não, mas sempre caracterizada pela mediação tecnologizada (o *medium*) entre falante e ouvinte. A dicotomia emissor/receptor, estabelecida pela Teoria da Informação, não tem maiores garantias científicas, devendo ser entendida como o reconhecimento, por uma ideologia teórica, de uma situação social já dada. Nesta é praticamente absoluto o poder de quem fala sobre quem ouve, pois, na relação instituída pelos modernos meios de informação, falar é um ato unilateral. Sua regra de ouro é silenciar ou manter à distância o interlocutor. Na realidade, a abolição, da distância geográfica pelas telecomunicações, implícita na noção mcluhaniana de "aldeia global", serve de álibi para a distância instituída pela unilateralidade da relação entre emissor e receptor.

Em seu ensaio *Requiem pour les media*[5], Jean Baudrillard desenvolve esse ponto de vista. Para ele, o que caracteriza os veículos de massa é a sua *não comunicação*, entendendo-se comunicação como troca, isto é, como reciprocidade de discursos – fala e resposta. Responsabilidade (não moral ou psicológica), mas possibilidade de responder estabelecida pela correlação pessoal dos sujeitos na troca discursiva, é o traço básico do verdadeiro processo de comunicação. Os *media*, a relação informativa, ao estabelecerem o monopólio do discurso, eliminam a possibilidade de

---

5. BAUDRILLARD, Jean. *Pour une critique de l'economie politique du signe*. Paris: Gallimard, 1972.

resposta e erigem um poder absoluto, inédito na História: a hegemonia tecnológica do falante sobre o ouvinte.

O texto de Baudrillard peca por não destacar as contradições e a diversidade existentes no interior do aparelho ideológico informativo. Sua exposição deixa supor a existência de uma unidade global no efeito de dominação – que visaria sempre à reprodução da Ordem e do Poder – passando ao largo das contradições entre os componentes do sistema informativo, por exemplo, entre os audiovisuais e os impressos. Com efeito, há graus diversos de dominação do discurso por parte dos *media*. No caso da imprensa, é forçoso levar em conta a sua posição contraditória na sociedade ocidental, não só com relação aos regimes (já que o jornal pode se converter eventualmente numa "correia de transmissão" para doutrinas transformadoras), mas também com relação ao próprio discurso manifesto.

Quanto a este último aspecto, a história evidencia que, no quadro das democracias liberais, a imprensa tem exercido uma função altamente representativa de determinadas classes sociais (comparável mesmo a uma representatividade jurídica do tipo exercido pelo Ministério Público no processo penal), o que lhe vem conferindo o importante papel de "mediadora" das tensões político-sociais. Jornais como *The New York Times, Washington Post, Le Monde* e muitos outros do passado e do presente não funcionam como puros e simples reprodutores das relações impostas pelo regime dominante. A imprensa brasileira, por exemplo, tem uma tradição de lutas políticas memoráveis – da abolição da escravatura à derrubada do Estado Novo.

Mas nada disso significa que a imprensa, como instituição, possa realmente contestar o sistema de poder gerado pela ordem produtiva, pois dela depende inteiramente. A economia da grande empresa jornalística parte de uma desigualdade de troca econômica entre emissor (jornal) e receptor (leitor). Como a quantia recebida pelo emissor costuma ser inferior ao custo real da produção do exemplar (salvo no caso dos jornais populares de grande tiragem), a relação é sustentada pelo anúncio publicitário. Do ponto de vista econômico, o leitor do jornal depende de uma relação de troca paralela – entre o dono do jornal e as empresas anunciantes. A imprensa converte-se assim em instrumento das frações de classe com condições econômicas e jurídicas para disputar o poder. São os conflitos gerados pelos diferentes interesses das frações da classe dirigente que permitem uma multiplicidade de opiniões e pontos de vista (ou seja, a multiplicidade de fontes informativas), a que se dá o nome de liberdade de imprensa. Entretanto, quando a imprensa nacional começa a ser controlada por empresas estrangeiras (por exemplo, 70% dos anúncios da imprensa brasileira têm fonte, direta ou indiretamente, externa), a contradição assume uma escala internacional. Trata-se aí da dominação[6] de um setor de expansão econômica periférica (o país em questão) por um centro econômico internacional. Aqui, uma vez mais, o campo dos veículos impressos abre mais uma possibilidade de debate.

O sistema audiovisual – a televisão – é diferente. Contém virtualmente todas as funções preenchidas pelos veículos precedentes e abrange um vasto número de possibilidades de expressão

---

6. Essa dominação é reforçada pelos conteúdos informativos, pela filtragem que as agências noticiosas (UPI, FP, Reuters etc.) realizam em cima dos fatos de importância real para o destino das nações – isto é, as mais pobres ou dependentes.

audiovisual. A curto prazo, os jornais tendem a *ser televisão*, não no sentido tecnológico da palavra, mas no sentido *mercadológico* (como *media* financeiramente complementares da tevê) e *editorial* (como peças auxiliares da abstração despolitizante do *medium* televisivo). A televisão é decididamente despolitizante. Considere-se, por exemplo, a função do *medium* nos debates entre Nixon e Kennedy[7] ou entre Giscard d'Estaing e Miterrand. O que ali estava em jogo não eram realmente os conteúdos políticos dos diferentes discursos dos candidatos (diferença institucional mais acentuada no caso francês), mas o *desempenho* de cada um deles em face do código televisivo. O *medium* tecnológico ganha, de fato, tamanha autonomia com relação à situação vivida, humana, dos sujeitos, que consegue mesmo impor-lhes as suas razões técnicas. O *medium* não é aí um simples mediador entre informante e público, mas um espaço autônomo capaz de criar modelos próprios, que neutralizam o sentido político das ações e dos discursos. O público tende a pôr na balança o charme, a regularidade plástica, a segurança dramática dos candidatos, ao invés de suas plataformas políticas. É fato conhecido a nítida vantagem de Kennedy sobre Nixon na tevê, o mesmo acontecendo com Giscard d'Estaing face a Miterrand. Hitler, assegura McLuhan, teria índice zero junto aos telespectadores.

A realidade é que a velha política partidária, de base liberal-democrática, torna-se algo anacrônica diante da sofisticação tecnomercadológica das relações sociais impostas ou geradas

---

7. No famoso debate entre os dois candidatos à presidência dos Estados Unidos a própria televisão era uma grande vedete, já que fazia naquela ocasião a sua estreia como *medium* na comunicação eleitoral. O valor de "novidade" do veículo muito contribuiu para o brilho e a repercussão do debate.

pela moderna economia de mercado. No sistema televisivo, a única política "moderna" é aquela que serve de apoio doutrinário à ideologia do consumo. Um bom exemplo disso é Ralph Nader, o ativo advogado do consumidor nos Estados Unidos. Nader não ataca a economia monopolística ou a tecnoburocracia, mas os *defeitos* nos produtos. Acaba funcionando como uma peça político-jurídica de reciclagem da engrenagem industrial. Em "tecnologês", é um filho do hardware, que critica o mau software ou o mau *design* – um "político" produzido pelo *medium*, portanto.

Acredita-se (cf. edição do *Jornal do Brasil* de 17/11/1974) que a campanha das eleições parlamentares brasileiras de 1974 tenha sido principalmente conduzida pela televisão. Esta teria assestado um golpe vigoroso no núcleo dos velhos redutos e estilos políticos. Anteriormente, como se sabe, o panorama eleitoral brasileiro poderia ser visualizado como um mapa, onde cidades, regiões, estados, formavam currais estanques, guardados por "caciques", que distribuíam os votos de acordo com o jogo de influências, interesses pessoais e poder econômico dos candidatos. Juntamente com a lei eleitoral que reduziu em parte o poder econômico, a televisão contribuiu para a penetração dos novos candidatos em antigos redutos paroquiais, propiciando-lhes vitórias surpreendentes. Em todos os casos, estava em jogo o *desempenho* televisivo, favorecido por idade, descontração, estilo "universitário" e também, é certo, por um tom insolitamente crítico, que funcionava como uma "novidade" em face da conjuntura da época.

Duas vitórias exemplares: Roberto Saturnino Braga e Orestes Quércia. O primeiro, no Estado do Rio de Janeiro, com menos de dois meses de campanha, arrebatou a Paulo Torres, ligado havia muitos anos à máquina administrativa do Estado, o lugar no Senado. O segundo, em São Paulo, obscuro, mas jovem e de aspecto dinâmico, derrotou o velho senador Carvalho Pinto, que se apresentava na tevê contando histórias dos tempos antigos, em princípio inadequadas para o veículo em questão.

Nenhuma análise sincera poderia recusar à tevê esse evidente efeito *modernizador*. O impacto dos conteúdos ideológicos "metropolitanos" (novo estilo de vida, novas opiniões, toda a pletora de bens e serviços da moderna sociedade de consumo) sobre comunidades fechadas, com sua poderosa carga pedagógica, é capaz de alterar comportamentos e de remanejar atitudes. Modernização não significa, entretanto, desenvolvimento real das possibilidades humanas e políticas dos indivíduos. O processo modernizador dos tempos correntes tem servido à causa da dominação pelo consumo e da discriminação de classes pelas diferenças de poder aquisitivo, alimentada pela produção monopolística.

A televisão, em sua forma, é solidária da forma de exercício de poder dessa etapa da produção econômica capitalista. A política pode ajustar-se perfeitamente a ela, desde que não passe de uma ação regida por modelos burocráticos, sem dinâmica própria. Não haverá jamais mudança profunda numa política homogênea com o tipo de relação social imposta pela forma do *medium* televisivo. E uma eleição concedida, doada, pelo Poder é tão vazia de sentido político quanto um discurso *outorgado* por um código/modelo geral, que não dê margem a resposta. Há quem possa evocar o papel político da televisão norte-americana no caso da guerra do Vietnã, por mostrar o que se passava na frente dos combates e alertar a opinião pública. A verdade, porém, é que a guerra no Sudeste Asiático – por mais sangrentos que tenham sido os fatos mostrados – foi um vasto *fait-divers* para a tevê e seu público norte-americano.

No artigo *Structure du fait-divers*[8], Roland Barthes demonstra que o *fait-divers* (entenda-se: o crime passional, o fato extraordinário, as anomalias) tem uma significação fechada, imanente à própria informação. Diz Barthes: "...ao nível da leitura, tudo está dado num *fait-divers*: suas circunstâncias, suas causas, seu passado, seu desfecho; sem duração e sem contexto, ele constitui um ser imediato, total, que não remete, pelo menos formalmente, a nada de implícito; é nisto que se aparenta à novela e ao conto, mais do que ao romance. É sua imanência que define o *fait-divers*". Imanência significa aí fechamento da estrutura articuladora de significações, que passam a bastar-se a si próprias. A notícia "20 mil mortos na Guatemala" constitui um *fait-divers*, porque o notável para o *medium* jornalístico é a relação entre a morte e um número elevado, ou seja, entre o ordinário e um *cúmulo*. Ao contrário da informação política, que recebe sentido de sua singularidade na conjuntura particular em que aparece, o *fait-divers* tem a sua significação na oposição de termos produzida pelo próprio *medium*. Mas se no jornal tradicional o *fait-divers* ainda pode ser uma categoria dentre outras, na televisão torna-se o próprio modelo de interpretação dos fatos[9]. Assim, as imagens dos bombardeios norte-americanos no Vietnã ou as fotografias do massacre

---

8. BARTHES, Roland. *Essais critiques*. Paris: Seuil, [s.d.]

9. *Fantástico – O Show da Vida*, programa dominical da Rede Globo de Televisão, fornece um bom exemplo dessa "grade" de *fait-divers* aplicada ao mundo. Um de seus responsáveis estabelece uma espécie de pauta geral na qual se baseiam para selecionar assuntos e temas "fantásticos": "*Pessoas:* uma matéria que envolva muitas pessoas é sempre fantástica; *Preeminência:* uma notícia sobre algo ou alguém muito famoso; *Ineditismo:* algo nunca apresentado. Envolve também exotismo; *Humor:* uma notícia que envolve um acontecimento muito engraçado; *Contraste:* por exemplo, um brasileiro, Guido Pascoli, revolucionou a arte de fazer violinos; – *Ação:* uma corrida de Fórmula-1; *Dinheiro:* notícias sobre Loteria Esportiva despertam interesse, pois envolvem muito dinheiro e muitas pessoas; *Amor:* fatos e acontecimentos de interesse humano; *Recordes:* a quebra de marcas já registradas: o homem se superando em qualquer campo". Coluna de Artur da Távola, *O Globo*, 24/06/1974.

de My Lai puderam ser tratadas como notações anômalas, estranhas à lógica da política externa dos Estados Unidos. Não era a intervenção num país estrangeiro ou a morte em batalhas inúteis que chocava a consciência ocidental, mas as *proporções* da intervenção e da morte. O que impressionava era o *cúmulo* da matança, ou seja, menos a morte brutal em si mesma e mais as suas imagens apavorantes geradas pela televisão. Em outras palavras, chocante era o genocídio modelado pelo *medium*.

As próprias manifestações populares, que aparentemente serviram para pressionar o governo a retirar as tropas do Sudeste da Ásia, já se davam de acordo com um modelo adaptado à difusão ou à reprodutibilidade dos *media:* passeatas notáveis pela excentricidade das roupas, dos rostos, dos gestos. Era como se já fossem organizadas em função da exuberante transmissão televisiva ou das fotografias coloridas das revistas. É admissível que, em sua origem, essas manifestações tenham obtido um efeito liberador, do ponto de vista psicossociológico: podem ter sido tentativas de *feedback* físico, isto é, de reação corporal a instâncias decisórias momentaneamente impermeáveis à opinião coletiva. Mas não tinham nenhuma verdadeira radicalidade política, nenhuma transversalidade, pois o fenômeno se produzia sempre no lugar e na forma esperados pelo sistema. Seu valor de exibição detinha mais uma eficácia consumística (conformidade aos modelos espetacularizantes da cultura metropolitana vigente) do que uma real virulência política.

A violência do *medium*

A abstração que a tevê faz da situação concreta é também homogênea, portanto, com o moderno consumo de bens e serviços, instituinte, por sua vez, de uma relação social abstrata e passiva.

Quando afirmamos que o *medium* modela ideologicamente os acontecimentos, é preciso entender, com Baudrillard, que o modelo não existe antes do *medium*[10], ou seja, "não existe como discurso de classe dominante antes de se investir nos *media*". Em outras palavras, ideologia não se define como o conjunto dos conteúdos veiculados pelos meios de informação, mas como *a própria informação* enquanto *forma* unilateral de relação social que separa radicalmente falante de ouvinte, censura a resposta e torna abstrata a situação concreta dos indivíduos. Pode-se inferir daí que o sistema da televisão, em si mesmo, é uma censura. De quê? da resposta, do gesto, do corpo, reais e concretos. Entenda-se mais uma vez: nosso conceito de televisão não tem como objeto apenas o dispositivo tecnológico de produção de imagens, mas também a hipertrofia do dispositivo, isto é, do aumento desmedido do intermediário informativo, agora transformado num sistema autônomo, com regras próprias. Este sistema produz uma realidade particular, que tende a recobrir todo o espaço social, de maneira análoga à realidade físico-geográfica do território. Quando o sistema é exacerbado (caso americano, por exemplo), a televisão deixa de ser um mero reflexo ou extensão da vida social para se tornar o seu próprio código. Este se impõe através da socialização forçada da comunicação, à qual se submetem os sujeitos da fala na sociedade contemporânea. A operação, a forma dessa socialização, já são em si mesmas ideológicas, homogêneas com as outras formas de poder da ordem produtiva monopolística. Nos dias de hoje, mais do que nunca, a

---

10. Em termos mais práticos, essa afirmativa põe imediatamente em questão a existência de uma "opinião pública", sempre auscultada por institutos de sondagem. Com efeito, o que se costuma chamar de opinião pública não tem nenhuma validade fora dos mecanismos encarregados de exprimir opinião, que são os *mass-media*. Estes fabricam e impõem a "opinião pública" a partir de modelos sociais recombinados.

liberdade dos meios de informação não deve ser confundida com liberdade política de opinião. Esta última significa a possibilidade *real* de cada um falar e ser ouvido. Opinião pública, por outro lado, enquanto prática universalista e abstrata, é uma ficção mercadológica do sistema informativo, destinada a justificar o caráter de mercadoria da notícia ou de quaisquer outros conteúdos informativos. O *medium* tem estatuto homólogo ao da *mercadoria*, que se opõe, como forma de valor, ao trabalho material e concreto.

À luz do que foi dito, pode-se reexaminar inclusive o enganoso conceito de *manipulação*. No caso de uma teoria dos *media*, manipulação não pode ser um conceito de ordem psicológico-individual, pressupondo ação ativa com o objetivo de influenciar, mas um conceito de ordem político-ideológica, homogêneo com a natureza mercantil da relação informativa. No *medium* tecnológico moderno, o "manipulador" (funcionário da empresa informativa) também é manipulado pela mesma ideologia que ajuda a reproduzir.

A correta compreensão desse fenômeno pode evitar enganos como aquele em que incorre o conhecido ensaísta alemão Hans Magnus Enzensberger[11] que concebe manipulação como uma intervenção técnica consciente num material determinado: por mais elementar que seja o processo produtivo, haveria sempre uma atividade manipuladora. A questão, portanto, não seria de afirmar a existência dessa atividade, mas de saber *quem manipula* os meios de informação. Acredita o ensaísta que, eliminando-se a propriedade privada e distribuindo-se o controle dos veículos a todas as classes sociais, a manipulação passa a ser democrática, já

---

11. Cf. ENZENSBERGER, Hans Magnus. *Elementos para una teoria de los médios de comunicación*. Barcelona: Anagrama, [s.d.]. [Cuadernos Anagrama].

que *em sua própria estrutura* os novos *media são igualitários*[12]. Vão na mesma direção os teóricos da "tecnologia *underground*", como Michael Shamberg, que, em seu livro *Guerrilla television*, sustenta: "As escolas, baseadas na imprensa e no controle centralizado da informação, não podem conter por mais tempo os estudantes, que podem ser suas próprias autoridades, simplesmente ligando a tv ou o rádio transistor. É a própria estrutura da tv que mina a natureza das administrações escolares, sem levar em conta a programação".

Essa concepção especifica que se todo mundo tivesse um acesso – politicamente organizado, em forma de autogestão – aos meios de informação (o que talvez já seja mesmo tecnicamente possível), isto é, se cada um fosse *ao mesmo tempo emissor e receptor*, estaria assegurada a verdadeira socialização da informação e da cultura. O ensaísta alemão crê evitar a superficialidade de uma ideologia tecnológica, insistindo na necessidade de uma "manipulação política" dos *media*. Diz que "embora seja certo que o *underground* utilize de modo crescente as possibilidades técnicas e estéticas do disco, do gravador, da videocâmara etc. e explore sistematicamente este terreno, também é certo que não dispõe de nenhuma perspectiva política própria, razão por que, como regra geral, vê-se obrigado a se entregar à comercialização. Para En-

---

12. Esta posição, com variantes, costuma ser assumida pelos discursos "humanitário-liberais", em geral marcados por uma certa ingenuidade teórica. Não se pode chamar Enzensberger de ingênuo – de forma nenhuma. Mas este é o caso de estudiosos do tipo do psicanalista mexicano Armando Barriguete, que em abril de 1976 participou, no Rio de Janeiro, do II Congresso de Psicopatologia Infantojuvenil. Num seminário sobre as relações entre a tevê e a criança, Barriguete afirmou que a primeira, "colocada em mãos de um grupo social que pretenda o desenvolvimento do homem como ser humano capaz de se compreender como membro útil de uma sociedade, é altamente positiva". Aí estão bem arrumados, como se vê, alguns clichês do idealismo humanitarista ou do neoevangelho clínico.

zensberger – e, acrescente-se agora, para todo um pensamento de tradição iluminista, capaz de abranger tanto os apologistas da divulgação cultural quanto os estrategistas políticos da *New Left* – é perfeitamente possível um "uso emancipador" dos meios de informação, o que implicaria em:

a) programas descentralizados (ao invés de submetidos a um controle central);

b) cada receptor, um transmissor em potencial (em vez de um emissor e muitos receptores);

c) mobilização das massas (e não imobilização de indivíduos isolados);

d) interação dos participantes, *feedback* (em vez de conduta passiva frente ao consumo);

e) processo político de aprendizagem (contrário ao processo de despolitização);

f) produção coletiva (em substituição à produção por especialistas);

g) controle socializado por organizações autogestoras (em lugar do controle exercido por proprietários e burocratas).

Esse pensamento, que chamaremos de "neoiluminista", é caracterizadamente conteudista. De saída, pressupõe que a ideologia dos *media* consiste em conteúdos identificáveis antes de seu investimento no modo de produção específico da indústria cultural ou do *medium*. Mudando-se, portanto, o controle dos veículos, seriam "melhorados" ou "humanizados" os conteúdos, como consequência da democratização de sua propriedade. Em outras palavras, o *medium* passaria a ser uma "técnica de socialização de novos conteúdos ideológicos", e essa técnica seria revolu-

36

cionária *em si mesma*. A metafísica da Revolução (um eterno e imóvel conceito de revolução) é evidente aqui.

Em seguida, o neoiluminismo envereda necessariamente por um pedagogismo, incapaz de lançar a mínima suspeita tanto sobre a produção cultural clássica (as fontes legitimadoras da cultura erudita, reproduzida pela instituição escolar) quanto sobre as veleidades das elites culturais de poder "educar" politicamente as massas. A "aprendizagem" reivindicada por Enzensberger deixa intocado o problema do monopólio da produção cultural pela *intelligentsia* burguesa, porque se apoia na crença de que o essencial é democratizar o acesso à informação acumulada pelos sábios. Acentua Enzensberger: "Basta comparar o modelo de uma biblioteca particular com o de um banco de dados socializado, para se dar conta da diferença estrutural entre ambos os sistemas". Sua premissa tem o código cultural como algo estabelecido e dado para sempre. Só restaria então a divisão do bolo, do botim do saber acumulado pelas classes que estabeleceram a Ordem. E, para isso, nada mais "progressista" que a cibernetização da distribuição informativa, sob o controle das massas organizadas politicamente.

Esta posição equivale à ingenuidade econômica de supor que o problema das discriminações sociais no interior do capitalismo se resolveria com uma melhor distribuição de renda – quando a questão só pode ser realmente colocada a partir da divisão fundamental entre capital e trabalho. Qualquer teoria "distributivista" incorre no mesmo movimento de poder. Assim, a doação de cultura pela televisão (sempre entendida como síntese dos meios de informação e da indústria cultural) atribui ao dado cultural um valor único[13] de consumo. O consumo da cultura torna-se acessível a todos, mas não a sua produção, cujo código torna-se cada vez mais distante e invisível. Excluído do *saber* da produção, o consumidor consola-se com a "igualdade" do dominado-recebedor.

A questão da divulgação científica é um bom exemplo do que afirmamos. Num mundo cada vez mais regido pela ciência e pela técnica e onde as decisões políticas de peso tendem a girar em torno de problemas relacionados direta ou indiretamente com o saber científico, este se constitui numa fonte de grande poder social. No consultório médico, nas relações de trabalho, na esfera do consumo, o saber científico implica num aumento contínuo de poder.

Como dividir ou distribuir esse saber? A resposta a tal pergunta, que se constitui também numa reivindicação da "democracia cultural", pretende estar na função da divulgação científica exercida pela indústria cultural. Entretanto, toda análise rigorosa do processo de divulgação, como a efetuada por Phillipe Roqueplo[14], termina concluindo pela "incomunicabilidade da prática que funda o discurso propriamente científico". A demonstração desse ponto pode ser facilitada com a descrição do processo

---

13. Este valor *único* não se refere ao conteúdo, mas à relação, que deve ser necessariamente *de consumo*. Estamos perfeitamente conscientes de que é possível a polissemia (ou a ambiguidade de leitura e de recepção) na indústria da comunicação, tanto no caso da informação jornalística quanto nos produtos destinados ao lazer. Esta é a tese de Orlando Miranda em *Tio Patinhas e os mitos da comunicação*, Summus Editorial, 1976. Concordamos em que a univocidade de sentido pretendida pelo *medium* pode não repetir-se, *em nível de conteúdo*, na instância decodificadora.

14. ROQUEPLO, Phillipe. *Le partage du savoir*. Paris: Seuil, 1974.

teórico feita por E. Nagel[15]. Nagel distingue três momentos numa ciência:

"a) um cálculo abstrato que constitui o esqueleto lógico do sistema explicativo e pelo qual as noções básicas desse sistema são implicitamente definidas;

b) um conjunto de regras cujo efeito é atribuir um conteúdo empírico ao cálculo abstrato, vinculando-o aos elementos concretos da observação ou da experiência;

c) uma interpretação ou modelo desse cálculo abstrato, que põe um pouco de carne em torno do esqueleto que constitui a estrutura, e isto por meio de elementos conceituais ou visuais mais ou menos familiares".

A verdadeira transmissão do saber científico só pode ocorrer num espaço onde o cálculo abstrato (item *a*) seja verificado experimentalmente (item *b*), isto é, que se dê como a possibilidade de uma prática, sem a qual nenhum modelo (item *c*) terá significação científica real. Essa prática pode ser *empírica* (caso dos protocolos de laboratório, das sondagens, mediações etc.) ou *teórica* (a matemática pura, por exemplo), pouco importa aqui. O essencial é que não se troque o saber científico por um *discurso sobre esse saber* (reportagens, entrevistas, artigos etc.) que separa prática e teoria, reintegrando os conteúdos científicos no campo ideológico das representações sociais.

Roqueplo ilustra o equívoco da divulgação científica com a significação da palavra *massa*, que o senso comum aproxima da palavra *peso*. A prática experimental científica indica claramente

---

15. NAGEL, E. *The structure of science*: problems in the logic of scientific explanation. London: [s.n], 1961.

a diferença dos dois conceitos em Física. Diz Roqueplo: "Quando um automóvel derrapa numa curva, essa derrapagem é imputável à sua massa, enquanto que sua aderência ao solo é imputável a seu peso. Igualmente, o fato de que numa máquina de lavar (máquina centrifugadora) em movimento a roupa fique colocada na parede é imputável à sua massa, enquanto o fato de que ela caia quando a máquina para é imputável, por sua vez, a seu peso". Assim, a evidência sensível que o senso comum tem da palavra *peso* não se aplica à *massa*. Esta última designa "um conceito abstrato forjado para dar conta de certas estruturas de experiências" e que só ganha realmente sentido na *prática científica* – seja esta teórica ou empírica.

É na indissociabilidade entre teoria e prática que reside o poder conferido pelo saber científico. Por isso, a verdadeira transmissão do saber tem de se operar no próprio espaço de seu exercício real, isto é, no lugar onde ele se produz – onde possa haver *diálogo* ou bilateralidade discursiva. Limitando-se a falar, mostrar ou discorrer sobre a ciência, os *media* privilegiam os modelos figurativos sociais da atividade científica, convertendo o saber científico no espetáculo da ciência. O movimento contínuo do pensamento teórico se congela em modelos de representações, que transmitem apenas uma ilusão mitificadora da ciência. Esta, que funciona realmente através da dúvida permanente e da interrogação contínua, converte-se no modelo absoluto da certeza, reforçando os mitos da eficácia tecnocrática e da competência subjetiva e perpetuando-se como mais um discurso de dominação política. Com efeito, reduzida ao *fait-divers* da vida pessoal dos sábios ou ao brilho televisivo das experiências de laboratório ou das grandes descobertas, a ciência deixa o seu campo concreto para se tornar uma *pedagogia do poder tecnocientífico*. E seu objetivo é evidente: impedir a verdadeira transmissão do saber – logo, do poder – científico.

O que se disse da ciência é válido para a cultura, vista pelos neoiluministas da divulgação como algo já constituído ou já dado. Ao reduzir o cultural ao social, isto é, ao reduzir as relações de sentido à lógica da produção material (no caso do capitalismo monopolista, a submissão da dinâmica cultural à economia de mercado), a indústria cultural cria um mundo de significações já prontas e já estabelecidas. Ao consumidor resta apenas o *saber do uso*, ou seja, o reconhecimento das regras instituídas pelo código da produção. É um saber que condena à impotência e à frustração, porque não admite o *desejo* (a assunção do movimento de divisão que constitui a consciência do sujeito), mas apenas a *necessidade*, isto é, a carência criada pela própria ordem da produção. E esta só gera necessidades a que possa atender plenamente, univocamente, sem as perturbações ambivalentes do diálogo ou do desejo. Mas para tornar efetivo esse poder de unilateralidade é preciso ocultar o código da produção, o lugar onde se articulam as significações dominantes. Na distância entre produtor e consumidor, afirma-se o poder do código. Da mesma maneira que na ciência, é a separação radical entre o *fazer concreto* (conjugação efetiva de teoria e prática num trabalho) e o *ouvir falar do que se faz* (escotomização dos aspectos dinâmicos da cultura em favor do discurso sobre a cultural) que institui a dominação cultural. A divulgação neoiluminista da cultura repete o "já dado" com a mesma pletora de efeitos espetaculares da divulgação científica. O público fica conhecendo a vida, as manias, até os amores dos grandes autores clássicos ou então a superfície fragmentária e acrítica de suas obras.

O que o neoiluminismo não consegue perceber é que o verdadeiro ato político consiste em quebrar a estrutura da informação, enquanto instância unilateral e unívoca do discurso, introduzindo a *ambivalência* no circuito. Informar significa impor ou *doar* uma significação sem dar margem à troca, separando ao mesmo tempo as instâncias do falante e do ouvinte. A angústia do personagem de Kafka, tanto em *O castelo* quanto em *O processo*, decorre de sua impossibilidade de resposta à notificação, a absurda informação unilateral, que lhe dirige uma instância anônima, remota e inacessível. Absurdo e opressivo não é o conteúdo da mensagem a *K*, mas a *forma* que esse conteúdo assume socialmente, indutora de uma relação de poder incontestável.

Pode-se imaginar, porém, uma ordem poderosa que não seja tão kafkiana e indique ao notificado as maneiras de responder. Em outros termos, um sistema eletrônico, do tipo televisivo, que dê margem à reversibilidade dos circuitos ou àquilo que Enzensberger chama, a partir da Teoria da Informação, de *feedback*. O que acontece? A situação permanece inalterada, porque as reações (e não respostas) já estão instituídas pelo próprio sistema. A unilateralidade e a univocidade da relação persistem, já que o sistema não poderá jamais admitir a sua própria contradição interna. Por outro lado, a multivocidade (por exemplo, a ampliação da rede de canais, que faria de cada sujeito um "manipulador", emissor/receptor ao mesmo tempo) mantém intato o estatuto da separação radical entre falante e ouvinte.

Realmente, do ponto de vista de uma comunicação real, o monopólio instituído pela televisão não se explica simplesmente pelo controle econômico das fontes de informação, mas pelo controle ideológico da fala, isto é, da possibilidade de resposta do ouvinte. A diversidade ou multiplicidade das fontes não quebra o monopólio, porque o essencial deste não está no controle dos meios de produção, mas do processo de significação, isto é, no controle do código. Pode-se distribuir estações de tevê ou máquinas de videocassete a todo mundo, e ainda assim o sistema monopolístico permaneceria intato, porque, como já foi dito, o sistema não se limita à tecnologia em si, alcançando todas as dimensões existenciais (vida urbana, dispersão humana, individualismo, economia de mercado etc.) gerada pela produção industrial monopolística. Nos limites da ideologia tecnológica, a crítica mais radical que se pode fazer à televisão atinge apenas aspectos do sistema de *broadcast*. Há vários trabalhos de grupos vanguardistas europeus e norte-americanos, que pretendem colocar no videoteipe as possibilidades futuras de televisão. Vamos citar dois livros – *Vidéo et société virtuelle*[16] e *Guerrilla television*[17] – onde essa posição é desenvolvida com base em experiências diferentes. O primeiro é francês, o segundo norte-americano. Ambos, porém, visam a um mesmo objetivo, que é a sugestão de uma "televisão alternativa", baseada na socialização do uso dos *media* e no aprofundamento dos recursos de *feedback*. Consideramos possíveis, do ponto de vista técnico, todas essas tentativas, mas insistimos em que o sistema permanece intocado, se essas alterações tecnológicas ocorrem num mesmo quadro de relações sociais e econômicas. É óbvio que a dominação não está no equipamento eletrônico em si (videoteipe, cinema etc.), mas no estatuto de sua produção de significações.

---

16. WILLENER, Alfred; MILLIARD, Ouy & GANTY, Alex. *Vidéo et société virtuelle*. Paris: Téma-éditions, 1972.

17. SHAMBERG, Michael & RAINDANCE CORPORATION. *Guerrilla television*. Nova York: Holt, 1971.

1984 é hoje

É nesse estatuto que se acha a força ideológica da televisão – e não nas possibilidades técnicas de seus circuitos eletrônicos. Para melhor explicação, vamos nos deter numa das fantasias orwellianas em *1984*. Neste livro, George Orwell insinua a possibilidade de um controle dos cidadãos pelo Estado através da *teletela* (a televisão) instalada em cada residência, ligada a um maquinismo central controlador. Para demonstrar o absurdo dessa hipótese, Enzensberger argumenta: "[...] uma rede de comunicações ou de distribuição, tão logo ultrapassa certa magnitude crítica, já não pode estar sujeita a um controle centralizado, só podendo ser calculada de forma estocástica" (p. 14). E isto só seria possível graças à "permeabilidade básica dos sistemas estocásticos". Um controle tecnológico da rede teria de ser maior e mais complexo do que ela própria, daí a sua inviabilidade.

Enzensberger permanece, claramente, no interior da mesma lógica que possibilita a "antecipação" em *1984*: a lógica da tecnologia. O ensaísta responde à ficção científica com a ilusão de estar fazendo ciência. Na realidade, o dispositivo do tipo "teletela" é desnecessário na atual etapa tecnológica do panoptismo ocidental. Não é preciso o olho controlador de um Grande Irmão controlador, porque o seu olhar imaterializado se acha em toda parte, e os mecanismos científicos de controle existem para que não se veja o verdadeiro Poder. A ciência anda de mãos dadas com o poder panóptico. E esse poder tornado "científico" visa sempre a obter uma regularidade das condutas que elimina, ao nível das consciências, a possibilidade de inquietação ou de mudanças. Tecnicamente, é cada vez mais difícil – em virtude da explosão demográfica e de todos os outros fatores ligados à concentração urbana – o controle direto das ações e dos comportamentos. Assim, o controle tem de ser assumido individualmente pelos próprios controlados. É o controlado quem controla (interiorizando os modelos ideológicos da ordem produtiva) – e nisto reside a astúcia do Poder.

Essa interiorização de modelos de controle se dá na medida em que o indivíduo encaminha os seus impulsos para objetos de desejo admitidos pela Ordem Social, ou seja, para *necessidades*. Tais objetos se fazem suportes de uma ideologia de condicionamento do sujeito aos códigos abstratos e invisíveis, e por isto mesmo eficazes, de um sistema autorreprodutivo. A eficácia da dominação, portanto, consiste em ocultar, do melhor modo possível, o controle totalitário dos pensamentos, dos gestos, da palavra, enfim do desejo. O sistema da informação desempenha aí um papel fundamental. De fato, a informação pode ser experimentada como uma dopagem, um vício, alimentados pela sociedade industrial monopolística. Em *Guerrilla television*, Michael Shamberg, entusiasta da tecnologia, confessa: "Os americanos são viciados em informação[...] casas e apartamentos são decorados com revistas, como os gabinetes de dentistas, porque se sentem estranhamente estéreis sem elas[...] câmaras Instamatic e Polaroid são ferramentas de viagem, porque as pessoas conhecem os lugares como fotografias e os fotografam para parecerem reais[...] tirar fotografias, independentemente do conteúdo, tornou-se um fim em si mesmo[...] precisamos de um fluxo mínimo de informação, não apenas por sobrevivência física, mas também por equilíbrio psicológico, porque os *media* eletrônicos são tão onipresentes como a luz... meu próprio vício começou quando eu fiz oito anos, ano em que minha família comprou seu primeiro aparelho de tevê. Como alguém mais tarde calculou para aqueles da primeira geração televisiva, nós passamos mais tempo com a tevê do que com nossos pais".

É a ideologia – forma discursiva do exercício do Poder, vale repetir – que define aquilo que se pode ou se deve ser. Aos poucos, todos os pensamentos, todos os instantes aparentemente livres tornam-se produzidos pelo sistema das máquinas reprodutoras da Ordem do consumo. Liberdade passa a ser "uma calça azul, velha e desbotada, que a gente usa como quer" (*jingle* publicitário) ou uma "revoltosa" liberdade de escolha passa a ter alternativas do tipo Pepsi®/Coca-Cola®: "Nós escolhemos Pepsi® e ninguém vai nos mudar" (*jingle* publicitário). As "insurreições" juvenis que passam pelas máquinas reprodutoras podem alterar momentaneamente estilos de comportamento, mas terminam sendo religadas ao sistema geral da produção e do consumo monopolístico. O sujeito moderno – a ficção contemporânea da individualidade – é o resultado dessa ordem produtiva e disciplinar, caracterizada pelo controle científico do tempo, dos corpos, e pela crescente individualização familiar.

Orwell acerta em *1984* quando estende ao espaço familiar o controle tecnológico operado pela Ordem. Efetivamente, quando o sistema dos *mass-media*, sintetizado pela televisão, pesquisa a fórmula "optima" de agradar a todos ao mesmo tempo e em suas casas, o pressuposto estabelecido é de que o sistema pode participar das satisfações mais íntimas ou particulares do indivíduo. Isto implica em penetrar a fundo na instituição familiar. Em diversas conferências, Michel Foucault frisa que a família é uma das formas remanescentes do poder soberano no Ocidente. Inexiste o anonimato panóptico na organização familiar, já que o poder se faz visível, à maneira da monarquia, na função individualizada do pai. É este quem estabelece a filiação (assim como o corpo do rei constitui o súdito) e assegura a penetração na célula familiar dos vários discursos disciplinares instituídos pela Ordem Social. Mas a paternidade, que funda a consciência humana, indicando-lhe a plenitude de sua identidade e o vazio de seus limites, é sempre simbólica (porque se refere ao drama "irreal" da castração) e plena de ambivalência. A teoria psicanalítica demonstra que o pai é o portador da *lei inconsciente* que, simbolicamente, proíbe o incesto (do filho com a mãe) e cria com isso a possibilidade de a criança assumir a linguagem e a consciência de si. Mas esse jogo contém logicamente o "assassinato simbólico do pai", sua superação ou sua morte na vivência autônoma do filho.

Mas a função simbólica da paternidade é hoje ameaçada pelo remanejamento inevitável dos investimentos psíquicos pela nova ordem produtiva. Esta se introduz com a fantasia do que Eugène Martinez[18] chama de *genitor castrador*: "o genitor não pode ser simbolizado, é na afirmação exibicionista do pênis, que não funda nenhuma lei, que ele se resume: ele abre assim o caminho ao discurso da violência. Para evitar a castração, o único meio à disposição é a castração dos outros. Eis por que os senhores carismáticos só podem suportar os escravos, os admiradores, os fiéis: aqueles que não são nada por eles mesmos e que falam unicamente pela

---

18. MARTINEZ, Eugène. "Imaginário social: recalcamento e repressão nas organizações". *Tempo Brasileiro*, n. 36-37, 1974, p. 53-94.

voz de seu mestre. Para eles, os outros não existem. Só tem direito à existência sua imagem indefinidamente mostrada por todos os espelhos (ou todos os retratos oficiais). A fantasia do genitor castrador se articula, pois, com o desejo de ser o único, aquele de onde tudo provém". Essa negação do outro e de seu desejo abre caminho para a instauração da onipotência narcísica da Ordem Social (que reafirma ideologicamente todos os seus projetos de poder absoluto) e dos indivíduos com ela identificados.

A televisão pode catalisar a maior parte das funções do *genitor castrador*. Realmente, ao nível das representações conscientes, a soberania paterna (resquício de uma velha ordem política) vem sendo abalada e limitada pelo remanejamento ineludível de certas relações de classe na sociedade moderna (reivindicações feministas, supervalorização da infância ou da juventude etc.). Por isto, torna-se necessário um canal suplementar de circulação para os discursos da vigilância social no interior da família, sem as inconveniências ou os aspectos "demodés" da soberania paterna. Este canal se chama *televisão*. Junto com a escola e a família, ele fecha um dos círculos traçados pelo Estado moderno em torno do indivíduo.

A escolarização só foi democratizada no Ocidente quando já podia servir como instrumento de controle social e de iniciação aos valores da sociedade industrial. O sistema informativo vem agora preencher os vazios na rede de controle. Quanto à escola e à família, são hoje imprescindíveis à televisão, não apenas como espaços físicos de recepção, mas também como álibis alternáveis: à família a tevê se apresenta com a roupagem da informação (mitificadora da cultura e do saber escolar); à escola ela se mostra como uma possibilidade de extensão de sua esfera de influência, através da *familiarização*[19]. Quaisquer informações ou diversões oferecidas não deixarão jamais de ter as suas garantias institucionais – pedagógicas ou familiares.

Na aparência, entretanto, a televisão tem uma finalidade em si mesma. É este o seu truque: eliminar com uma aparência a questão de sua verdadeira finalidade, insinuando como "natural" a necessidade geral de uma informação centralizada e abstrata. O *mito da informação* encobre o essencial, que é a atividade prática, o trabalho concreto. Na realidade, as pessoas são informadas para que não busquem a informação[20]. Da mesma forma, as pessoas são condenadas a *apenas ouvir*, para que não falem. Ao relacionar-se com um ouvinte abstrato (ou seja, o receptor, abstração comparável ao *homo economicus* da Economia clássica), o *medium* rouba a palavra do indivíduo (apropriação da possibilidade simbólica de resposta) e lhe devolve um discurso sobre a palavra. Esta é restituída na forma de uma notificação – monologada, normativa e pedagógica – que consiste, como a *parênese* da retórica clássica, numa exortação eloquente à virtude e à moral.

---

19. É fato estatisticamente comprovado pela Sociologia da Comunicação que os adolescentes dedicam pouco ou nenhum interesse à televisão. Isto poderia ser explicado pelo desejo do jovem de escapar à autoridade parental, entendida como o envolvimento pela ordem familiar.

20. Isto já era sabido por Platão (*Diálogos de Platão* – I, Biblioteca dos séculos, Ed. Globo) ao asseverar no *Mênon*: "Uma coisa entretanto posso afirmar e provar com palavras e atos: é que nos tornamos melhores, mais ativos e menos indolentes, se cremos que é um dever procurar o que ainda não sabemos, do que considerarmos impossível e estranha ao nosso dever a busca de uma verdade desconhecida". O filósofo queria assim acentuar que a verdadeira aprendizagem supõe sempre essa entrada ativa no desconhecido, em terrenos inseguros. Aprender não é absorver, não é apenas informar-se.

Esse controle da fala, já foi visto, não é operado por uma consciência manipuladora, mas através da própria forma instituída pelo *medium*, que elimina a relação concreta de troca comunicacional em favor de uma ordem abstrata e unívoca, regida por um código que não admite ambivalência ou transgressão. Não é tanto que se pretenda a repressão direta da fala: o que o sistema pretende é que não haja *gratuidade* na comunicação, ou seja, que nenhum ato, nenhum pensamento, nenhuma significação fique fora do alcance da economia de mercado – da produção monopolística, em suma.

Comunicação e desejo

A comunicação é um processo de tentativa contínua de superação dos limites da palavra instituída pelo código linguístico (a *língua*, objeto formal dos linguistas). Com efeito, o indivíduo tem de renunciar, para falar, à invenção de sua própria linguagem, e aceitar o código externo, a voz do *Outro* (a comunidade representada pela língua). A palavra permite-nos dizer apenas aquilo que se deve dizer, isto é, o que o código linguístico autoriza. Isto implica em que a *vivência* (a totalidade expressiva de um sujeito) pessoal seja sempre maior do que a palavra. Comunicar-se verdadeiramente é tentar superar as barreiras da incomunicação, as restrições do código, e dar curso livre à vivência. E isto só pode ocorrer num espaço de troca dialética entre as diferentes instâncias do processo linguístico – é o que se dá como possibilidade no diálogo (a abertura do imaginário) instaurado pelas práticas artísticas, políticas, psicoterapêuticas, e mesmo científicas.

Quando duas pessoas conversam despreocupadamente (o bate-papo ocioso) ou quando pesquisam uma verdade através do diálogo, há um *excesso de linguagem*, um gasto desmedido de sentido ou de energia (como na sexualidade), os discursos se penetram, os significados se atraem e se repelem, mas sempre num solo comum e ambivalente, onde os termos polares não podem ser positivados pela distinção radical entre produtor e consumidor ou entre emissor e receptor. Não afirmava Montaigne que a palavra é metade de quem pronuncia e metade de quem a escuta? É nesse espaço de reciprocidade linguística que se inscreve o campo simbólico do Desejo, o lugar de transgressão do valor e da ordem produtiva. O verdadeiro prazer da fala está em seu descompromisso com uma finalidade racionalizada ou produtiva qualquer. Está no excesso, no gasto livre, na gratuidade que aniquila o sentido econômico da oferta e da procura.

Essa possibilidade ociosa de linguagem não pode ser tolerada por um sistema de controle que se pretende total. O *lazer*, modérníssima preocupação do Estado, costuma enveredar por formas sociais de apropriação do tempo livre do indivíduo. Lazer moderno é o ócio organizado, permitido, doado, assim como televisão é a linguagem domesticada, tornada unívoca e também doada – sem troca verdadeira ou resposta possíveis.

A ideologia da tevê não precisa ser primordialmente explícita (entendendo-se como tal a literalidade das leis, dos regulamentos e os imperativos dos costumes e da moral), porque o tipo de relação humana por ela induzido já é simulador de uma ordem repressiva e castradora. Na imediatez da visibilidade plena que oferece, a imagem da televisão mascara a realidade da divisão operada pelo Desejo e leva o telespectador a se identificar com os modelos do sistema. A esse universo fabricado, de perversão comparável à da mercadoria, conservadores e liberais, reacionários e revoltosos, espertos e burros aderem e reproduzem – independentemente de uma solicitação explícita ou de uma provocação.

Para resumir, diremos que o sistema televisivo elimina:

1. A *gratuidade*[21] do diálogo, isto é, da linguagem descomprometida com a finalidade produtiva.

2. A *liberdade* de se falar o que quiser e no momento desejado.

3. A *pluralidade* das situações sociais, implicada a diferenciação cultural e no curso livre do Desejo.

4. A *sociabilidade*, que incrementa as relações extrafamiliares, rompe a imobilização das pessoas nos apartamentos e aponta para o espaço das ruas[22].

Finalmente, vale a pena acentuar que o totalitarismo da tevê já se achava em germe na cultura do livro, assim como muitas das formas de controle social emergentes a partir do século XVIII na Europa já existiam em escala reduzida na Idade Média. O desenvolvimento da escrita teve grande importância na regulamentação autoritária da linguagem através da escola. E a própria literatura, sob as aparências de uma liberdade apontada pelo imaginário, pode ser também uma notificação cheia de ornamentos, sem nenhuma reciprocidade entre autor e leitor. Um texto incapaz de

---

21. A TV Educativa, isto é, aquela que pretende instituir uma relação univocamente pedagógica, faz da negação da gratuidade a sua doutrina institucional. Na edição de 3/4/1976 do *Jornal do Brasil*, o diretor do grupo de criação e implantação dos programas do Centro Brasileiro de TV Educativa diz: "Teremos um programa provisório intitulado *Colagem*, à noite, uma fórmula de casamento do espetáculo *não gratuito* com o jornalismo, sem esquecer o aspecto cultural. Caymi, por exemplo, será visto sob o prisma cultural. Porque nada poderá acontecer gratuitamente, sem uma perspectiva mais profunda e uma consciência crítica [...]" Em outras palavras, na TV Educativa, Caymi já não é mais aquele...

22. No conto "The pedestrian" (In: BRADDURY, Ray. *The golden apples of the sun*. [S.l]: Oorgi Books, 1970), o autor narra a detenção de um homem no ano 2053, simplesmente porque andava na rua. No conto, o crime já não existia praticamente, e a polícia tornava-se desnecessária – já que andar livremente na rua havia caído em desuso.

desarticular de algum modo o código de significação ou a ordem produtiva do valor, para fundar o espaço da troca e do diálogo, poderá, sem dúvida nenhuma, ser também televisão[23]. O mesmo se poderá dizer de uma cinematografia conduzida por diretores cada vez mais presos às seduções técnicas da filmagem atual. Envolvidos pelo mito do *fazer* tecnológico, esses cineastas (Lelouch *et caterva*) censuram a fulgurante iluminação do real operada pelo cinema clássico, que elabora um mundo fictício, porém aberto a uma participação no imaginário. Na arte cinematográfica, o real histórico, embora ausente, se torna mais pleno, mais denso, exigindo o deslocamento psíquico do espectador para os seus próprios limites históricos ou existenciais.

Pode-se distinguir o *real* (a divisão, o impulso originário da existência, o Desejo) da realidade ou da irrealidade, que são produtos *originados*, submetidos à temporalidade contínua, à História. Produzir uma existência no imaginário significa apontar o real às realidades, isto é, abrir a clareira para possíveis formas realizáveis. É na plenitude ou na indeterminação de suas imagens que o cinema instala a possibilidade de participação do espectador. É no imaginário que se dá o diálogo cinematográfico. O verdadeiro cinema é o contrário da televisão: finge o mundo, mas ilumina a sua mentira para além da consciência, sem degradar suas imagens na pirototecnia do artifício técnico ou numa *simulação* de existência imposta pela "objetividade" da informação.

---

23. O princípio do sistema televisivo está contido na escrita. Platão o enuncia implicitamente no *Fedro*, ao citar as palavras do egípcio Thamus a Theuth sobre a arte da escrita: "Vossa descoberta criará o esquecimento na alma dos estudantes, porque eles não se servirão da memória, confiarão nos caracteres escritos e não se lembrarão de si mesmos. O específico que descobristes é um auxiliar não para a memória, mas para a reminiscência, e vós dais a vossos discípulos não a verdade, porém tão somente uma parte da verdade, eles serão ouvintes de muitas coisas e nada terão aprendido".

II
A linguagem da televisão

Já está em muito ultrapassada a bizantina discussão em torno da possibilidade de se falar de uma "função de linguagem" no que diz respeito aos meios de informação. Essa discussão foi alimentada durante muito tempo pela tentação de se submeter ao crivo metodológico da Linguística as análises dos produtos ou do funcionamento geral da chamada *cultura de massa* (indústria cultural ou indústria da comunicação). Hoje é mais do que evidente para a teoria semiológica que o termo "linguagem" não se confunde com o objeto "língua" da Linguística – restrito ao código da dupla articulação –, só podendo ser empregado metaforicamente. E é assim que aqui falaremos de "linguagem".

Na verdade, o *medium* atua sobre os diversos sistemas de sinais (cores, sons, imagens, letras etc.) à maneira de um *operador sintático*. A imposição do código do meio de informação é a imposição de uma sintaxe, sem neutralidade, já que está comprometida com a situação social em que se inscreve o *medium* (na maioria dos casos, é o *marketing* ou a estratégia geral do consumo que orienta a sintaxe). A sintaxe televisiva, apoiada pela tecnologia eletrônica, permite uma reprodução sintética das muitas possibilidades informativas contidas no sistema dos *mass-media*. A linguagem (ou expressão) televisiva é uma ficção tecnológica da relação de comunicação.

Já afirmamos que a forma ideológica essencial do sistema da televisão é a separação radical entre os polos do processo de comunicação e a abstração da imagem com relação ao concreto, ao vivido. Essa tecnoabstração do mundo é uma consequência do *princípio da reprodução*, que se expande por todos os campos do sentido no século XX. Arte, gesto, roupa, informação, livro, comunicação – tudo isso pode ser reproduzido, duplicado, repetido serialmente *ad infinitum* por subsistemas técnicos variados. Em todos os casos, o sentido da produção original se perde na simulação modelar operada pela técnica reprodutiva. Na verdade, é a técnica, a forma de reprodução, que passa a criar as regras desse mundo organizado pelo capital. E da mesma maneira que o capital, em sua abstração inatingível, não é hoje mais do que um modelo da lei estrutural do valor, toda técnica tende a tornar-se, com o atual progresso da máquina, uma forma de "simulação" operacional.

A forma televisiva simula operacionalmente o mundo ou – talvez seja melhor dizer – os "modelos" atuantes do mundo. A realidade concreta perde inteiramente o seu vigor diante da forma reprodutiva. Hans Magnus Enzensberger – que, no entanto, se deixa arrebatar pela miragem eletrônica dos *media* – observa: "O processo de reprodução atua sobre o reproduzido e o transforma fundamentalmente" (p. 68). Isto implica em dizer que o *mundo* (o material "documental" ou "fictício" a ser reproduzido) é sempre um *modelo*, um simulacro de realidade, para o sistema reprodutivo.

O predomínio crescente do modelo, a abstração progressiva da ordem concreta do mundo, constituem a lógica corrente do sistema de produção monopolístico. Isto é ideologia hoje: a lógica do poder, da dominação, através de signos que funcionam como um jogo de abstrações equivalentes ou intercambiáveis. A ideologia (claro, a ideologia da classe dirigente) determina aos sujeitos – isto é, leva-os à autoimposição de modelos convenientes – que mantenham sempre os lugares atribuídos pela ordem da produção. A linguagem da televisão, afinada com o projeto monopolístico de hegemonia ideológica, pode ser entendida como uma articulação de três processos fundamentais:

1. Processo de individualização familiarizada.

2. Processo de repetição analógica do real.

3. Processo de reprodução do *já existente* e elaboração em espelho da fantasia.

Resta-nos demonstrar a hipótese.

1. Processo de individualização familiarizada

Um dos efeitos manifestos do sistema da televisão é a "desindividualização" (isto é, a tentativa de apagar diferenças individuais) do sujeito através da linguagem uniformizante do consumo e da socialização autoritária, nos moldes do *status quo*. O paradoxal nisto é que tal efeito se obtém mediante o reforço da crença ocidental num *ego* único e compacto, dotado de absoluta livre escolha: antes, a escolha política; agora, a do consumo. Assim, a tevê se dirige ao público através do vídeo, simulando um *contato* direto e pessoal com essa "função-indivíduo" que se supõe ser o telespectador. Por isso, é essencial à expressão televisiva a função linguística de contato (função *fática*, na terminologia implantada pelo linguista Roman Jakobson), que visa a manter ou sustentar a comunicação entre falante e ouvinte.

Um bom exemplo dessa função *fática* na linguagem corrente é o "alô" usado na comunicação telefônica. A essa função correspondem, no texto jornalístico, todos os recursos (gráficos, lexicais e sintáticos) de facilitação da leitura. Quando o jornalista opta pelo estilo simples, baseado numa média coloquial do idioma, é o contato com o leitor que está sendo buscado. Na tevê, para *simular* contato íntimo com o espectador, a função fática *tem de se apoiar na família* como grupo-receptor necessário. É bom esclarecer: o que importa não é este ou aquele membro da família em particular (a mãe[24], por exemplo), mas a família como ideia, em seu caráter de instituição onde predominam relações primárias do tipo cara a cara (terminologia de Cooley) e princípios morais específicos.

Na verdade, toda e qualquer mensagem é tributária das circunstâncias ou do protocolo de emissão/recepção (produção e consumo). Uma lenda narrada por um contador de estórias numa tribo ou numa pequena comunidade, ao pé da fogueira, tem um vigor próprio atribuído pelo código oral de sua cultura. Através da tevê ou de qualquer outro *medium*, a mesma lenda não teria força nenhuma, assim como não costumam ter sentido os ritos da cultura popular nordestina exibidos no vídeo. Um dado cultural não pode existir independentemente de sua situação característica de recepção ou de consumo. E a situação receptiva das mensagens televisivas é marcada pelo *espaço familiar*. A tevê interpela o espectador enquanto indivíduo-membro da comuni-

---

24. Os técnicos em *marketing* e em análise de comportamento do consumidor costumam orientar a programação de tevê em função da dona de casa, uma vez que ela é hoje o polo ativo de consumo no lar. Mas, do ponto de vista semiológico (relativo à produção de significações), é a instituição familiar, como um todo, que deve ser considerada.

dade familiar, reunida na parte da casa onde se concentra a atividade coletiva. Este modo de recepção se inscreve no sistema significativo da produção televisiva, intervindo tanto na natureza como na qualidade dos conteúdos transmitidos[25]. É sintomático que a telenovela brasileira – que já alcançou um índice notável de especificidade televisiva – tenha começado com dramas cuja "unidade de lugar" era a casa, acentuada em seus diferentes compartimentos: a alcova (*O direito de nascer*), a copa-cozinha (*Antônio Maria*), a sala de visitas (Beto Rockefeller) etc.

Entretanto, conforme observa Barthes[26], a tendência da cultura de massa é ocultar as circunstâncias de sua produção e sua recepção, ou seja, a verdadeira natureza de seu código. Para Barthes, essa cultura sonha com uma "naturalidade", cujo inverso é a exibição de seu próprio código. O filme procura fazer esquecer que se está no cinema, escamoteando a sua condição de fato imaginário (tanto que alguns cineastas procuram reagir a isso, como Bergman, em *Persona*, mostrando no início do filme um pedaço da bobina em fogo). A tevê escamoteia, através do envolvimento familiar, a sua condição de veículo eletrônico vinculado a um sis-

---

25. A força da cena familiar na tevê leva ao enfraquecimento dos ritos porventura existentes em outras Instituições. A revista *Televisión y Educacion* (Instituto Latino-Americano de Comunicação Educativa, Unesco, 1971) relata que um grupo de crianças de 4 anos tinha de observar um filme de desenhos animados para averiguar se os animais levavam a cabo certas tarefas melhor que um garoto. Um grupo neutro de crianças observava a fita à parte e terminou respondendo melhor às perguntas do que as crianças incumbidas da tarefa. Por quê? Porque se descontraíram, devido à situação informal em que se achavam e puderam absorver com mais facilidade as informações. Em outras palavras, familiaridade ou a descontração do grupo afastado eram os verdadeiros elementos eficazes exigidos pela mensagem televisiva – e não a rigidez institucional da cena escolar ou laboratorial em que se encontrava o grupo-tarefa.

26. BARTHES, R. "Analyse structurale du récit". *Communications*, n. 8. Paris: Seuil, 1966.

tema produtor de mensagens cujo verdadeiro estatuto é o da expropriação da palavra do público.

O receptor percebe a mensagem de tevê como algo de "natural" no interior de sua casa. Caem as eventuais barreiras aos fenômenos de projeção e identificação, desde que a mensagem atenda às características de "naturalidade" do veículo. Este finge ser o *olho da família* assestado para a espontaneidade dos acontecimentos do mundo, escondendo a sua condição de olhar hipnótico e imobilizador do sistema. A astúcia semiótica do vídeo consiste em adaptar o mundo à ótica familiar.

A imagem que interpela diretamente o telespectador, à maneira de uma comunicação real, precisa apoiar-se num campo de significação que absorva ou englobe totalmente o "interlocutor". No caso do vídeo, não é a *imagem em sua autonomia* que "engole" o receptor (ao contrário da plenitude e do poder de significação da imagem cinematográfica, a imagem televisiva é pobre em sentido), mas o *espaço televisivo*, enquanto campo de significação.

O espaço televisivo é radicalmente diferente de qualquer outro meio de expressão.

Observe-se o teatro. Ele se dá num espaço privilegiado pela cena, mas esta não forma um todo fechado em si mesmo: o público também a integra, numa copresença. O espaço do ator abre-se para o do espectador, de tal maneira que a interpretação, a vivência do texto, é afetada pela presença real e concreta das pessoas. O ator interpreta para um outro sujeito presente.

Na televisão, o ator ou o figurante atua para uma máquina (a câmara) e de acordo com as regras técnicas do *medium*, mas sempre aceitando a simulação de outra presença humana – logo, o inverso do papel mobilizador do público no teatro. Não se dá, como no teatro, o encontro de duas zonas (a da cena e a do público), mas a invasão da cena familiar pela tevê, facilitada pela incorporação expressiva do campo semântico da "familiaridade". Aqui, é o espetáculo que vai ao espectador – em casa. Do ponto de vista físico ou topográfico, o *espaço* da tevê compreende duas pequenas cenas: a primeira, o lugar varrido pelo feixe eletrônico das câmaras; a segunda, a *família*. Do ponto de vista topológico – isto é, das configurações ou das posições formais das partes no discurso – o espaço televisivo abrange o da família, na medida em que o redefine como uma espécie de geratriz semântica para suas mensagens.

Em razão da "intimidade" familiar inerente à linguagem do vídeo, a figura do *apresentador* ou do *animador* tem sido essencial à mensagem televisiva. Por apresentador ou animador, entende-se o indivíduo encarregado de introduzir ou "pontuar" um programa, ou então – com mais frequência no caso do animador – de criar um clima especial para o programa. A televisão brasileira já teve o seu "tempo quente" dos animadores: Flávio Cavalcanti, J. Silvestre, Chacrinha, Blota Júnior e outros. Apesar da persistência de Sílvio Santos, o velho estilo tende a desaparecer. Em seu lugar, firma-se a figura do apresentador, percebido pelo público como um personagem central da mensagem televisiva. Através da "apresentação", fundamental nos noticiários, documentários e *shows*, o *medium* procura realizar uma síntese dos diversos conteúdos ou dos vários códigos implicados na transmissão. Esta função não deixa de ter analogia com a do coro no antigo teatro grego, que comentava ou apresentava a ação dramática, ajudando a operar a síntese de códigos dramáticos diversos. Na tevê, nem sempre é manifesta a apresentação. Há casos de telenovelas em que empregados domésticos, personagens subalternos ou à margem da trama, funcionam como um coro, pontuando a narração ou adivinhando, para o espectador, as ações dos personagens principais.

A interpelação direta efetuada pelo apresentador é o elemento fático mais visível da televisão. A familiaridade instaurada por seu rosto, em atitude de conversa íntima, de bate-papo, naturaliza a apresentação do mundo pelas imagens (vale frisar: apresentar, mostrar ou apontar o mundo é o específico da "arte" televisiva) e estabelece o *contato* com o telespectador. Este espera sempre que a tevê ultrapasse os efeitos de mero espetáculo ou de pura informação e se invista da atmosfera de simpatia e camaradagem, característica ideal de grupos primários, como a família. Num estudo de caso sobre o programa de Hebe Camargo, Sérgio Miceli[27] demonstra como a animadora afetava sempre uma postura de "carinho e aconchego", como se fosse uma madrinha (mãe postiça), mas alternando os papéis de mãe, filha ou dona de casa. Diz Miceli: "Simplicidade, bom humor, sorriso fácil, simpatia, sensibilidade, calor humano, acesso fácil, graça, são algumas das categorias com que se constrói sua figura pública exemplar" (p. 52).

É preciso deixar claro, porém, que tais categorias não são exclusivas do programa de Hebe Camargo (de uma maneira geral, podem ser encontradas em qualquer outro animador ou apresentador da tevê brasileira), já que compõem virtualmente a gramática geral das mensagens televisivas. O tom íntimo e as boas maneiras são gerados pelo tipo especial de ficção comunicacional entre a tevê e seu público – e isto se dá no Brasil ou em qualquer outra parte do mundo.

---

27. MICELI, Sergio. *A noite da madrinha*. São Paulo: Perspectiva, 1972.

A figura (do animador ou do apresentador) que interpela tem de ser suficientemente familiar e descontraída para permitir uma relação de identificação com camadas heterogêneas do público. A *telegenia* (qualidade própria da imagem televisiva) tem suas diferenças com a clássica fotogenia cinematográfica. No cinema, diz Edgar Morin[28], "tudo se passa como se, diante da imagem cinematográfica, a vista empírica se duplicasse como uma visão onírica, análoga ao que Rimbaud chamava de vidência, não estrangeira ao que os videntes dizem ver (nem talvez a essa plenitude que os 'voyeurs' realizam pelo olhar): uma segunda vista, como se diz, em última análise reveladora de belezas ou de segredos ignorados pela primeira". É assim que fatos triviais, "momentos familiares", registrados por Dziga Vertov podem se achar registrados até um "paroxismo de existência" (Chavance) ou "revelar a beleza secreta, a beleza ideal dos movimentos e dos ritos de cada dia" (Epstein). A imagem cinematográfica não se dispensa de efeitos fascinantes ou mágicos, uma magia capaz de transfigurar arquetipicamente o real. Deste modo, o rosto da atriz de cinema sempre pôde incorporar as diversas mitologias culturais, sexuais e morais de uma época.

O rosto de Greta Garbo, por exemplo, já foi descrito por Barthes (*Mitologias*) como "uma espécie de estado absoluto da carne, que não se podia atingir nem abandonar". Garbo pôde inaugurar uma nova etapa no cinema: a de divindade, insondável e inacessível, arrebatadora em sua fatalidade, na regularidade plástica de

---

28. MORIN, Edgard. *Le cinéma ou l'homme imaginaire.* Paris: Les éditions de Minuit, 1956.

suas linhas, evocadora da virgem destinada ao sacrifício ritual. O rosto de Garbo não *era* um rosto de mulher, pois tinha de *significar* – de ser uma *ideia* de rosto e da condição feminina. Depois de Garbo, o cinema se afastou desse arquétipo para o rosto marcado por uma individuação, gerando os diversos *tipos* femininos (Marilyn Monroe, Brigitte Bardot, Katharine Hepburn e outras), mas se tratava sempre de modelos que mantinham uma distância mágica do público.

A televisão, ao contrário, vive da substituição da visão onírica pela imediatez cotidiana e familiar das imagens. Seu projeto é incorporar totalmente o espectador em seu espaço. Por isso, o *medium* não pode marcar excessivamente as suas categorias visuais. A telegenia vai consistir na qualidade de integração da imagem no ambiente das relações familiares ou íntimas dos telespectadores. O rosto televisionado – pouco importa se o programa é noticioso, *show* ou de ficção – não se pode permitir a valores de mistério, impenetrabilidade ou mesmo de charme excessivo, se deseja provocar efeitos especificamente televisivos, isto é, o estabelecimento de relações afetivas com o telespectador.

O fascínio da regularidade plástica cinematográfica tem de dar lugar à folhetinesca mobilidade facial. É preciso que o rosto televisionado seja suficientemente tranquilo ou apaziguado para ser bem recebido. Um bom "teleator", por exemplo, deve ser alguém cujas linhas faciais (remanejáveis pela maquilagem) evoquem as de alguém próximo ou virtualmente familiar. A conhecida *boutade* mcluhaniana de que Hitler teria sido derrotado pelo público se vivesse no tempo da televisão tem alguma – apenas alguma – razão de ser. A agressividade facial e os gestos destemperados do "Fuehrer" poderiam "explodir" o vídeo, isto é, poderiam ser incompatíveis com a expectativa familiar das imagens televisionadas. A imagem que se faz presente no recesso familiar de todo mundo não poderia ser a de um *furiosus* em pleno delírio.

Realmente, como observa Patrick Champagne[29], "a fim de que as mais diversas categorias sociais possam se projetar, os símbolos sociais de identificação que lhes são propostos devem ser particularmente amorfos ou estereotipados. Assim, a apresentadora, mais do que uma personagem, é um símbolo: ela deve encarnar as virtudes femininas e familiares; seu aparecimento no vídeo deve evocar a vida calma, o ambiente de um lar feliz, no qual a felicidade é feita de confiança e dignidade". Isto é o que demonstra a experiência de produção de tevê em vários países, principalmente nos Estados Unidos, onde grandes vedetes do telejornalismo chegam a ganhar 300 mil dólares anuais para dar no vídeo uma visão pessoal dos fatos do dia a dia. Sua enorme aceitação por parte do público deve-se, segundo sondagens de mercado, ao tom familiar e coloquial que conseguem manter.

A televisão francesa, que introduzira em 1968 apresentadores jovens e de tom algo impessoal ou distante do público, decidiu a partir do último trimestre de 1975 retornar ao coloquialismo de seus tempos pioneiros. Deste modo, tanto o Canal 1 quanto o Canal 2 passaram a empregar apresentadores de mais de quarenta anos de idade, com grande sucesso de audiência. Quarentões grisalhos e de aspecto sedutor chegam mesmo a "tempe-

---

29. "La télévision et son langage: l'influences des conditions sociales de récèption sur le message". *Revue Fraçaise de Sociologie*, XII, 1971.

rar" o noticiário jornalístico com fatos de sua vida pessoal. No Rio de Janeiro é grande o sucesso do apresentador Cid Moreira, da Rede Globo de Televisão, modelo de muitos outros no vídeo[30], também um quarentão de cabelos grisalhos e bem cuidados, voz ponderada e atitude que oscila entre a serenidade bonachã e uma leve ironia diante dos acontecimentos por ele apresentados. Por não atingir os extremos do pedantismo e da vulgaridade, Cid Moreira pode constituir-se num símbolo dos valores aceitos pelas categorias sociais comumente classificadas como "estratos médios" da população. Ele fala como deveria falar alguém bem colocado na vida e capaz de ser um bom "chefe de família". Propicia, assim, uma enorme identificação com o público telespectador, especialmente do sexo masculino (consta que muitas das cartas que recebe são escritas por homens).

A familiaridade na imagem ou na técnica interpretativa de atores tem sido responsável por êxitos inesperados em campos diversos da tevê brasileira. No caso das telenovelas, são muitos os exemplos. Em *Cavalo de aço*, o vilão *Lucas*, interpretado por Edson França, tornou-se simpático aos olhos do público, concorrendo em popularidade com os heróis da história. É que a intimidade expressiva do ator (comportamento, expressão corporal e facial, maneira de falar etc.) tornava o personagem próximo do telespectador – uma espécie de *conhecido* ou de *chapa*. Pôde-se, assim, esquecer o sentimento estereotipado com relação

---

30. Aliás, é curioso observar que, a partir de 1974, os personagens de grande sucesso nas telenovelas são vividos por atores de mais de cinquenta anos (Paulo Gracindo, Mário Lago, Lima Duarte, Paulo Goulart, Rodolfo Mayer e outros), cujos papéis atribuem à velhice um súbito valor de força e vitalidade, indicando uma certa oposição ao mito da juventude cultivado nos anos 1960.

ao vilão e passar a gostar de *Lucas*. Pelos mesmos motivos, o vilão tem roubado, em outras telenovelas, a fama do herói-modelo. Em *O Espigão*, o personagem mau caráter *Lauro Fontana*, interpretado por Milton Morais, conquistou o público por sua credibilidade televisiva (entenda-se: boa afinação com o universo doméstico e cotidiano do telespectador), dada pela *familiaridade* de seu desempenho.

O mesmo se pode dizer do *bicheiro Tucão*, caracterizado por Paulo Gracindo em *Bandeira-2*. É sabido que os bicheiros da vida real gostaram tanto de sua própria imagem representada por Paulo Gracindo que um deles se dispôs a segurar, como figurante, a alça do caixão de Tucão no final da novela. O trunfo do ator, como em outros casos, foi saber destacar-se dramaticamente, evitando a super-representação de estilo cinematográfico que, na tevê, artificializa a imagem, esvaziando-a de intensidade cênica.

2. Processo de repetição analógica do real

Do que foi exposto no item precedente, infere-se claramente que a linguagem da tevê, através da simulação do espaço íntimo e familiar, reforça, pela repetição de imagens, o estatuto individualista (a ficção ideológica do *ego único* ou do sujeito da consciência autônoma) da pessoa humana. No "contato" televisivo, um indivíduo singular e familiarizado dirige-se ao espectador, supostamente em idênticas condições.

Essa interpelação direta, simuladora de um contato, tem consequências técnicas imediatas. A principal destas é que o *close* (que permite melhor equilíbrio entre imagem e som) tornou-se regra geral do enquadramento televisivo. Os diferentes planos se obtêm a partir da distância entre o objeto focalizado e a câmara: *long shot* (cenário completo), *medium shot* (parte do cenário), *close-up* (cabeça e ombros), *big close-up* (apenas o rosto), *close-shot* (objeto focalizado, excluindo o quadro), *two-shot* (duas pessoas no quadro). Quanto aos movimentos da câmara, têm nomes específicos, *pan, swish-pan, dolly in, dolly back, track, tilting* etc.), mas não diferem grandemente dos movimentos da câmara cinematográfica.

São marcantes, entretanto, as diferenças entre a expressão cinematográfica e a televisiva. A noção de espaço pode ser invocada, mais uma vez, para esclarecer as distinções. Nos termos de Jules Gritti[31] espaço televisivo é "centrífugo", porque leva o espectador a prolongá-lo, como a ponta de um triângulo "que começa no fugo" porque leva o espectador a prolongá-lo, tevê tem uma insuficiência básica de sentido (atestada pela necessidade dos recursos fáticos, que constituem um movimento virtual na direção do telespectador), devendo ser completada por uma ideal presença familiar em frente ao vídeo.

O espaço cinematográfico, ao contrário, prescinde da ficção de presença do espectador: é "centrípeto". A iluminação, a música, os *décors*, os vários tipos de planos e de enquadramentos, são recursos estéticos que fazem de cada imagem cinematográfica uma pintura densificada do real. Mas é uma "pintura" que foge à imobilidade, graças aos recursos do movimento das imagens e da profundidade de campo. Todos estes elementos, capazes de uma interdependência harmônica obtida pela montagem, outorgam à

---

31. GRITTI, Jules. "La télévision em regard du cinéma". *Communications*, n. 7. Paris: Seuil, [s.d.].

imagem cinematográfica tamanha totalidade, tamanha suficiência, que o espectador pode apenas *aderir* sensorialmente à fascinação de seu espaço. O cinema não precisa – senão eventualmente, como um recurso estilístico menor – interpelar diretamente o espectador. Diz Gritti: "Em definitivo, a imagem cinematográfica está constituída numa plenitude imediata, captadora do olhar, para remeter à plenitude seguinte, até o *Fim*".

Não se deve deduzir daí que filme e espectador não se inter-relacionam. Acentuamos bem: não se inter-relacionam numa simulação de contato direto. Mas o espectador se situa *na* ação dramática (ou diegética) do filme, graças principalmente aos recursos da *profundidade de campo*, que densifica na imagem o espaço histórico do espectador, e do *movimento*, que transfigura a sua temporalidade, interna e externa. E esses elementos se aprofundam na *montagem* (organização cronológica ou expressiva dos planos de um filme), que é o recurso básico da criação cinematográfica. Na verdade, a montagem possibilita ao cinema a ampliação das convenções narrativas, de modo análogo à literatura. No ensaio intitulado *Dickens, griffith y el cine de hoy*[32], Sergei Eisenstein demonstra como Griffith, o fundador da expressão cinematográfica, foi buscar na obra de Charles Dickens inspiração técnico-narrativa para suas ações paralelas, retroações, planos curtos e até mesmo encadeamentos.

A plenitude das imagens, capazes de generalizar ou de evidenciar conexões entre elementos dispersos e fragmentários, é produto da montagem. A palavra *produto* é bem adequada. Dizia Eisenstein: "A justaposição de dois fragmentos de filme asseme-

---

32. EISENSTEIN, Sergei. *Teoria y técnica cinematográfica*. Madri: Rialp, 1957.

lha-se mais ao produto do que à sua soma. Assemelha-se ao produto e não à soma pelo fato de que o resultado da justaposição difere sempre qualitativamente de cada um dos componentes tomados à parte". Quem vê um filme ao ser rodado terá dificuldades em reconhecê-lo na tela (o mesmo não ocorre, por exemplo, com uma telenovela). É que o universo fílmico é produzido – bem o afirmam os grandes mestres do cinema – na montagem. Esta, ao mesmo tempo em que fundamenta esteticamente o cinema, indica ao espectador que as imagens estão ali como uma ilusão dos sentidos, logo como uma ilusão de realidade, com a qual se poderá romper a qualquer momento. Essa "ilusão" tem no *ritmo* (sequência dos planos de acordo com suas relações de continuidade, capaz de gerar no espectador uma impressão de duração), que é criado pela montagem, características bem diversas da duração real vivida pelo espectador. Graças ao ritmo, a montagem pode melhor criar ideias, isto é, reordenar logicamente as imagens de maneira a fazer emergir, em sua oposição significativa, seu sentido simbólico.

É a montagem, portanto, que, no cinema, atribui sentido às imagens, ao discurso analógico. Esse discurso combina materiais diferentes, substâncias de expressão associadas à formação psicointelectual ou simbólica do público a que se destina o filme, mas o elemento associado (o significado) não preexiste ao *enunciado* simbólico. Isto se evidencia nos chamados *grandes* filmes: *Encouraçado Potemkin, Cidadão Kane, Gritos e sussurros* etc. É o *modo de associação* (a montagem) que cria a associação, isto é, presentifica um objeto de nossa comunidade psicointelectual, mas de tal maneira que a percepção da imagem (do signo) se dá sem distinguir entre forma e significado. O espectador vê, *no pre-*

sente, uma associação de elementos de um *passado* fundado em seu acervo psicointelectual. Os filmes ditos "de arte" são em geral aqueles que aprofundam o dinamismo do discurso analógico, acionando associações simbólicas pouco comuns ou excluídas da memória psicointelectual. Este acionamento vai consistir realmente na *repetição* de sequências fílmicas (ou seja, de relações simbólicas) até a evidenciação da mensagem, assim como no "pensamento selvagem", visto por Lévy-Strauss, a repetição de sequências narrativas torna manifesta a estrutura do mito. No cinema, a repetição, orquestrada pelo ritmo da montagem, tem como pano de fundo, como realidade total, o próprio espaço cinematográfico, constituído pelo filme e limitado às dimensões da tela.

Na televisão, ao contrário, as imagens constituem mais uma pura sequência de momentos articulados com o espaço familiar do público do que um conjunto estruturado. Não que a montagem seja uma técnica estranha à tevê: o videoteipe[33] tornou-a possível. Mas é apenas um recurso técnico, não a sua base estética ou retórica, como no cinema. Por quê? Porque a televisão, tendo de simular um diálogo em contato familiar com seu público,

---

33. Há grandes diferenças entre videoteipe e filme. O *tape* (ou vt) permite retrocesso (*playback*), aceleração e apagamento do que foi gravado, exatamente como uma fita de gravador. Isto confere ao vt uma grande operacionalidade do ponto de vista de um sistema informativo, porque transforma o portador do equipamento de vt numa verdadeira "unidade viva" de informação. Ele pode ser usado, portanto, como um instrumento ou uma ferramenta de trabalho. Mas existem, além disso, diferenças físicas entre filme e vt. Os dois processos têm em comum o fato de que a imagem em movimento consiste numa série de imagens paradas. Mas enquanto a imagem do filme é produzida de vez, pela exposição do objeto focalizado à luz de uma abertura única do obturador da câmara, no vídeo a imagem é produzida em tempos diferentes pela varredura de um feixe eletrônico. Uma varredura completa denomina-se *campo*, havendo sessenta campos por segundo numa imagem de vt. A Imagem televisiva resulta, assim, numa superfície de pontos fosforescentes, exatas reproduções da cadência eletrônica da câmara gravadora. A imagem fílmica, ao contrário, é uma sucessão de quadros fixos (24 por segundo). A imagem do vt parece mais nítida e vívida que a imagem cinematográfica.

apoia-se numa *retórica do direto*. O que aparece no vídeo pretende ser apreendido como *simultâneo ao tempo do espectador*. Mesmo quando a ação transmitida declara-se passada com relação ao presente do telespectador, a retórica do direto persiste, seja através da intervenção dos apresentadores, seja através dos recursos táticos empregados na filmagem. Diz o cineasta René Allio[34]: "No cinema, o tempo para; qualquer que seja a hora em que se entra na sala, sairemos de nossa duração para penetrar na duração do filme. Na televisão, o fato de ver uma coisa em nosso ambiente habitual, em nosso próprio meio, recoloca a transmissão num outro contexto".

Esse contexto é a ficção de imediatez na relação vídeo-telespectador, que impõe um *ritmo* diferente do cinematográfico. O envolvimento – eletrônico, inclusive – da tevê leva o espectador a se cansar da imagem quando a observa. Assim, o ritmo televisivo deve evitar a *saturação* (a duração média do plano cinematográfico é de 8 segundos, enquanto o da tevê é de 30) e concorrer para a *inteligibilidade*. Esta última, na tevê, significa: *simplicidade do quadro, familiaridade da apresentação* e *clareza das imagens* mostradas. São estes os elementos imprescindíveis ao discurso analógico da tevê.

Tais elementos, que não apontam para nenhuma densificação do real pela imagem (como no cinema), indicam que a linguagem da tevê é basicamente a mesma do jornalismo, porque visa sempre a *mostrar* algo que se dá fora do vídeo e supostamente no mesmo tempo histórico do espectador. No caso do videotei-

---

34. AMENGUAL, Barthélemy. *Chaves do cinema*. Rio de Janeiro: Civilização Brasileira, 1973.

pe, existe, claro, uma mensagem pronta e previamente organizada. Mas sua elaboração tem de levar em conta, no próprio momento da filmagem, que a televisão exige um *ethos* de familiaridade e de instantaneidade, conjugado com a informação jornalística. Toda a força dramática ou retórica da mensagem se concentra no *mostrar*[35], no *apontar*, no *ver*. É como se o desfile contínuo dos sinais luminosos que formam a imagem realizassem o movimento de um dedo apontando sem parar para o universo vivo e real.

O real histórico tem de ser simulado pela tevê, por mais desinteressante que possa parecer. Para o telespectador, a fascinação está no mero *olhar*, na visão familiar de um mundo que se "presentifica" ao se girar o botão do aparelho receptor. A televisão é *voyeuse* do mundo e faz do telespectador o seu cúmplice. Mas, para que o *voyeurismo* seja efetivo, é preciso que as regras de simulação da situação real sejam eficazes. Nessa eficácia, a tevê pode reencontrar as técnicas de qualquer outro *medium* (cinema, rádio, jornal etc.) ou dispositivo eletrônico.

Assim como o cinema, a tevê também dispõe de um ritmo. Mas este agora, orquestrado pela ficção do tempo real histórico, procura aproximar-se do ritmo vivo e concreto do espectador. É lento, arrastado, de gestos e movimentos longos. Nas telenovelas, o ato de beber um copo-d'água ou vestir um paletó procura acompanhar o tempo que se levaria no real para cumprir as mesmas tarefas. E, às vezes, *excede* mesmo o tempo real – como se o presente da tevê fosse mais "presente" ou mais efetivo que o real.

---

35. A retórica clássica dispunha de uma figura – a hipotipose – para operar descrições vivas ou animadas de um fato qualquer. A expressão televisiva é comandada o tempo inteiro pela hipotipose.

A repetição (de imagens) é, portanto, também um elemento estrutural do discurso analógico da tevê. Mas ela não forma a mensagem progressivamente, pela acumulação iterativa de relações simbólicas, e sim pela transparência significativa de cada imagem. Aqui, a associação analógica preexiste ao enunciado, como já dissemos. É preciso que a significação seja imediatamente apreendida pelo telespectador, já que a situação de recepção (o espaço familiar) e a baixa definição da imagem televisiva não recomendam esforços de memória ou de perseverança. No caso do anúncio publicitário, que lança mão frequentemente de uma linguagem associativa (predomínio do paradigma sobre o sintagma), o plano passa a ter uma duração média de 8 segundos, indicando que o significado da mensagem deve ser estabelecido num tempo que não ultrapasse o da memória instantânea, ou seja, 6 a 8 segundos. Por isso, o anúncio publicitário (o "comercial") constitui um bom modelo da mensagem analógica televisiva: trata-se de um quadro organizado de ideias fáceis e incisivas, ligadas por associações simples, num tempo curto. Este quadro, por sua vez, é *repetido* em intervalos bem dosados, segundo as velhas regras do "martelo" propagandístico.

A simples repetição pela tevê da marca comercial de um produto produz por si só um efeito publicitário eficaz. Na telenovela *Cavalo de aço* (1973), uma garrafa de conhaque *Dreher* foi casualmente posta num cenário por um regra-três. Funcionou como propaganda poderosa do produto: a situação dramática ficou em segundo plano na memória do telespectador, destacando-se a marca do conhaque. Ninguém na tevê sabia que estava fazendo propaganda (na época, a Rede Globo ainda não faturava esse tipo de anúncio, o que é comum agora), mas esta funcionou com toda força.

O que estamos procurando mostrar é que, apesar de a tevê também poder selecionar suas imagens (como faz o cinema), a seleção não consegue produzir uma linguagem simbólica (apenas analógico-abstrata), já que não se funda num discurso autônomo, com coerência interna de imagens. A comunicação real (a conversa, o diálogo) atribui tal importância ao elemento verbal, que este termina impondo-se, na tevê, ao visual[36]. O verbal e o visual se repetem exaustivamente no vídeo. Por isso, até agora, a tevê tem estado mais próxima do rádio do que do cinema. É que o compromisso com o real histórico (em termos institucionais, com a informação jornalística) impele a tevê a uma lógica de demonstração, de explicação, que percorre todas as suas possibilidades expressivas. Ela pode mostrar qualquer coisa, mas tem de explicar, de esclarecer o que mostra. E nesta operação, a palavra, o verbo, impõem seu poder ao elemento visual.

A capacidade do discurso analógico televisivo de se constituir num sistema de autonomia relativa (como a cinematografia) impede-o de essencializar o dado informativo, isto é, de produzir por imagens relações capazes de ordenar ou de captar aproximativamente os fenômenos. Em outras palavras, a imagem televisiva não conceitualiza. A sua capacidade expressiva não ultrapassa os limites do individual: a imagem fenomenaliza sempre o objeto que representa, presa que está à simulação do vivido, perdendo seu significado tão logo é substituída por outra. A cinematográfica reorganização lógica das cenas extraídas do real e trabalhadas

---

36. O cineasta Ingmar Bergman já demonstrou o seu perfeito entendimento dessa característica da linguagem televisiva. Ao filmar, para a tevê, *Cenas de um casamento*, Bergman abandonou a preponderância do simbolismo das imagens, colocando em primeiro plano os diálogos.

pela montagem de maneira a produzir o sentido profundo e simbólico de cada uma delas revela-se impraticável na tevê. Nesta, em seu discurso, dificilmente se poderá falar de uma lógica interna, específica das imagens. Assim, as significações gerais só podem ser faladas, ditas, jamais narradas por imagens. Para resumir, diremos que sem sistema não há conceito. E sem um sistema próprio de imagens não pode haver conceitualização por imagens.

Enquadramento

Devido à baixa definição da imagem, os produtores da tevê costumam atentar, além do ritmo, para os aspectos do *enquadramento*. Sabe-se que o âmbito da área captada determina a inteligibilidade da imagem. A noção de *composição* (maneira de dispor os elementos do *quadro*, que é a área limitada pelas marcas do vídeo) torna-se, assim, importante. A regra básica da composição é a unidade do objeto mostrado. A unidade funciona com base num *objeto principal*, que se distingue do *centro de interesse*. Este último consiste numa ação ou num objeto integrados no tema principal. Por exemplo, num concerto (objeto principal), as mãos do maestro podem se converter temporariamente em centro de interesse. Quando o objeto principal é numeroso, costuma-se fazer um enquadramento baseado em centros de interesse. A orquestra fornece um bom exemplo. Se se faz um *long shot* (cenário completo), os músicos diminuem no quadro, destacando-se apenas o som. Pode-se então selecionar centros de interesse diversos, tais como o maestro, o solista, movimentos de naipes orquestrais etc.

É possível inferir daí que a tevê se presta ao *detalhamento*. Há lugar para poucas figuras no vídeo. Assim, as ações possíveis (inclusive as dramáticas) são aquelas que exploram, em primeiro lugar, a personalidade individual, colocando a ação de grupo como subordinada. Este é um dos motivos pelos quais a novela se presta tão bem à televisão. Ao mesmo tempo, tudo isto vem ao encontro de uma regra de ouro da direção de tevê, segundo a qual a função primordial dos elementos secundários é ambientar o objeto principal. Na telenovela, o grupo ambienta o herói e dá variedade ao quadro.

3. Reprodução do já existente e elaboração em espelho da fantasia

Em sua tentativa de *dizer o real*, a televisão na verdade *constrói* uma realidade (aquela gerada pelo código do *medium*) na forma de um sistema de *representações sociais*. A representação é o modo de conhecimento ideal para a tevê, por implicar num processo basicamente imagético ou figurativo. O que é mesmo uma representação? Em primeiro lugar, um "processo de mediação entre conceito e percepção", segundo S. Moscovici[37]. Esse processo alterna de tal maneira conceito e percepção, que o objeto do conceito pode ser "percebido", criando-se uma impressão de realismo. Em seguida, o conteúdo da representação se define como uma imagem, regida por uma determinada significação. Assim, a representação de um fenômeno social qualquer consiste num conjunto de imagens, estruturado pelo jogo das significações sociais ou das atitudes dos sujeitos da representação.

---

37. MOSCOVICI, S. *La psychanalyse, son image et son public*. Paris: Puf, 1961.

A propósito da representação social da psicanálise, diz Moscovici: "Figurar, descrever a relação analítica como uma relação erotizada implica frequentemente numa significação particular da psicanálise: ciência dirigida às mulheres. Da mesma forma, dar uma significação positiva à psicanálise, à situação analítica, invoca a imagem duma comunicação livre entre duas pessoas (conversação)". Como se infere da pesquisa de Moscovici, a representação tende a *particularizar a significação* e a *generalizar a imagem*. Donde ele conclui que "[...] a representação, unidade de imagens, de conceitos e de significação referente a um objeto, se constrói ao mesmo tempo como reflexo deste e como atividade do sujeito, individual ou social". Assim, as representações sociais servem para formar opiniões e comportamentos, ajustando-os à realidade tal como existe numa determinada formação social. O *modelo figurativo* em que implica a representação reflete tanto o objeto representado quanto a ação seletiva (a censura) do grupo social com relação às significações possíveis do objeto.

Como o discurso da tevê simula analogicamente o real, suas características informativas são dedutíveis da relação que mantém com o já existente na vida social, o real já dado. E como esse real é diversificado, o *medium* procura lançar mão de categorias perceptivas simples, mas genéricas. Diz P. Champagne: "A cultura veiculada pela televisão só pode ser uma cultura sincrética, resultante da mistura pouco coerente entre os valores e as ideologias ligadas às classes populares e às classes médias, na medida em que se faz preciso que sejam eliminados todos os conteúdos capazes de dividir profundamente o público". É esse sincretismo que joga no mesmo saco política, erotismo, jogos, humor, religião, notícias etc.

Mas esta tendência sistemática a um *sincretismo* (característica, aliás, da cultura de massa em geral) leva a televisão a não poder exprimir claramente os valores de nenhuma classe em particular. Assim, ela é impelida a uma *homogeneização* dos diversos conteúdos culturais, isto é, a redução dos mesmos a modelos facilmente aceitáveis pelo público. Esses modelos de representações sociais têm fraca coerência fora do sistema da televisão. Isto implica em dizer que os modelos são criados pelo *medium* a partir de estereótipos culturais e devolvidos ao público na forma de uma relação impositiva, que é a relação televisiva. Para disfarçar a imposição, o sistema cria ficções do tipo "homem médio", "opinião pública", "gosto popular", "características universais da humanidade" e assim por diante. Já afirmamos que a dinâmica dos modelos visa a simular a ordem produtiva, onde o consumo se afirma como lógica moderna das relações humanas. Assim, o modelo pode ser *modernizador*, comportando mudanças, embora dentro dos limites desejados pela ordem da produção.

Ficção sem fantasia

Uma consequência importante dessa homogeneização operada por modelos – que atua sobre o real, produzindo puras abstrações – é o abalo de uma velha categoria estética, a *ficção*[38]. Efetivamente, o sistema da televisão, com a cultura massificadora que impõe, consegue sincretizar coisas tão diversas como o real e o imaginário, homogeneizando-os. Como se faz isto na prática? Dando um tratamento romanesco ou dramatizando os fatos reais

---

38. Qualquer coisa que se passe no vídeo tende a ser percebido como absolutamente real. Os atores de telenovelas costumam ser "realizados" em grau tão intenso pelo público brasileiro que, algumas vezes, vilões de telenovelas foram agredidos na rua por telespectadores.

(em geral, o *fait-divers*) e tratando "realisticamente" (com o aparato técnico-formal da informação jornalística) o campo do imaginário. Isto reduz a *fantasia*[39] – enquanto produção ilusória que distingue os campos de criação da imaginação e da realidade – a um *reflexo em espelho do real*, isto é, a um reflexo que inverte as verdadeiras condições de existência da relação entre a televisão e o mundo. Entre o mundo e sua imagem no vídeo há um abismo, mas este não é preenchido pelo imaginário à solta, pois toda a lógica do *medium* consiste em dissimular o abismo por meio da restauração familiar do contato perdido, por meio da saturação do olho pela imagem repetida, na superabundância da relação informativa.

A telenovela brasileira é um dos melhores exemplos desse drama especificamente televisivo, em que se percebe o imaginário comandado pelo princípio de realidade ou pelo real histórico, desde as exigências eventuais da produção de tevê ou da Censura até a incorporação no enredo de fatos correntes no noticiário jornalístico. O texto de uma telenovela brasileira é pontilhada de alusões a situações reais contemporâneas e mesmo condicionado por tais situações, que vão desde fatos noticiosos até livros ou filmes em destaque. Um exemplo: a novela *Pecado capital* (1976) incorporava personagens do romance *A estrela sobe* (Marques Rebelo), do filme do mesmo nome, do filme inglês *Vida em família*, situações ligadas a restaurantes da moda etc. Há um exemplo famoso: dez anos atrás, na telenovela *Anastácia*, Janete Clair inventou um terremoto para matar os antigos personagens — que

---

39. A rigor, a própria relação entre a tevê e o público já é uma fantasia, porque o contato é imaginário, fantasmático. Não se pode deixar de lembrar a expressão *romance familiar*, usada por Freud para designar as fantasias através das quais, nos delírios paranoicos, o indivíduo inventa uma família e lhe atribui papéis.

estavam onerando financeiramente a produção – e construir outra história, mais barata, com dois dos sobreviventes.

Mas há outros casos, além das telenovelas, em que se percebe a necessidade de juntar drama e informação. Em seu clássico trabalho sobre as relações entre a tevê e a criança (*Television and the child*, Oxford University Press, 1958), Hilde Himmelweit observa que as mensagens televisivas só são bem aceitas se apresentadas de forma dramática e se tocam ideias e valores para os quais a criança está emocionalmente preparada. Assim, o fictício pode causar mais impacto do que o fatual na tevê. Segundo Himmelweit, a violência dramatizada assustava as crianças, mas não a violência dos noticiários. Entretanto, uma luta de punhos num programa esportivo perturbava mais do que um tiroteio num filme. O que significa isto? Significa que o impacto da tevê é maior quando se conhece na vida real a ação mostrada: a luta de punhos é "familiar" às crianças, ao contrário da violência dos tiros, por exemplo. Do mesmo modo, as crianças não se importavam com animais devorando outros, mas se preocupavam com o perigo sofrido por cães famosos, como Lassie e Rin-tin-tin. Ou seja, perturbavam-se diante de situações com as quais podiam se identificar. Uma hipótese a se formular a partir daí é que não importa a quantidade de perigo ou de violência mostrados pela tevê às crianças, mas a *situação da violência*, isto é, sua relação com a experiência real ou informativa do público.

Essa vinculação da linguagem do vídeo ao real histórico indica que a simulação televisiva só é efetiva se o *medium* sabe captar traços característicos de seu público, para bem realizar o "contato". É o que acontece atualmente com a Rede Globo de Televisão, que incorporou muito da experiência brasileira do rádio. Seus artistas e apresentadores são vistos nas ruas, em restaurantes e, principalmente, em contatos com a imprensa, especialmente a imprensa ilustrada, que funciona hoje no Brasil quase como subsistema de apoio ao universo da televisão.

Uma moral doméstica

Aqui retorna a categoria de *familiaridade* das imagens. Com efeito, essa incorporação do real se dá, como já dissemos, através do campo semântico da família. Desta maneira, a tevê, ao reproduzir o real já existente, reforça o *status quo* (salvo nos casos em que o mercado exige uma modernização de hábitos) a partir de parâmetros morais da instituição familiar. Do ponto de vista do conteúdo da programação, o universo do vídeo é regido pela moral doméstica.

De algum modo, a moral da televisão é hoje semelhante à do cinema norte-americano a partir dos anos 1930, regulamentado pelo famoso *Código Hays*. Entre outras coisas, este código estipulava: "a) será mantida a santidade da instituição do casamento e do lar; b) não se justificará o adultério; c) nenhum filme ou episódio deverá ridicularizar qualquer crença religiosa (a não ser as crenças religiosas dos indianos, dos amarelos e dos negros, reconhecidamente raças inferiores); d) não serão ridicularizadas as leis, não se suscitará jamais a simpatia para com a violação da lei" etc. Isto se explica pelo fato de que o *medium* novo, ao tomar contato com a sociedade diferenciada, só será aceito pela Ordem Social na medida em que ajustar seus conteúdos ideológicos a *predisposições* sociais, isto é, a determinados sentimentos, costumes e tendências já existentes socialmente. Quando essas predisposições se abrandaram por razões diversas, a moral cinematográfica "modernizou-se"[40].

A mesma "modernização" ocorrerá certamente com a televisão, quando o mercado assim o exigir e isto não implicar em contradições fortes com outras instituições sociais. Hoje ainda predomina no vídeo a moral doméstica. Basta considerar os seriados produzidos pelas *net-works* norte-americanas, que impõem as obsessões e os padrões americanos através de fórmulas "familiares" variadas. O clã (série Bonanza), a selva bucólica, o parque selvagem, são "espaços" refamiliarizados, destinados a veicular uma doutrina isolacionista, onde o grupo-protagonista (figuração dos Estados Unidos) aparece sempre sitiado por "bárbaros" (países estranhos e costumes diferentes). A neurótica obsessão de "defesa" se impõe, surgindo então os temas da "família unida contra todos" ou o mito bucólico do "bom e velho oeste".

Na tevê, a moral doméstica se impõe também como princípio classificatório dos fatos econômicos, políticos e sociais. Entenda-se: por meio do campo semântico da família, faz-se passar a famosa "filosofia do senso comum", que jamais tem nada de "comum", pois é sempre a linguagem do Poder distribuída pelas fórmulas discursivas da vida cotidiana. Deste modo, os conflitos sociais reduzem-se a conflitos entre pessoas; a vida econômica do pais passa a ser explicada pelo arrazoado da economia doméstica

---

40. Pode-se facilmente perceber que voltam sempre à baila elementos da função disciplinar-pedagógica dos meios de informação, ou seja, elementos da função panóptica de controle social, cuja lógica remonta à Grécia. *O medium*, da mesma maneira que os antigos sofistas, comporta-se como um manual de virtude, sobretudo de virtude política. E também, como na Grécia Antiga, moral e política tentam andar juntas nos veículos de massa, sempre fingindo uma pedagogia da virtude.

ou, no máximo, pela microeconomia empresarial; o fato político é tratado como projeção de personalidades singulares[41] (conhecendo-se as suas biografias, suas anedotas, seu caráter, supõe-se conhecer o fato político). Em resumo, para o sistema da televisão, a lógica do mundo pode ser a mesma das relações interpessoais modeladas pela família.

A partir daí, é fácil entender o perfeito ajustamento do gênero telenovela (espécie de folhetim eletrônico) ao vídeo. Todo folhetim vincula-se pedagogicamente a uma ideologia moral, que tanto pode ser a do processo civilizatório dominante quanto a doméstica. A telenovela brasileira, com seu inegável apuro técnico (caso da TV Globo), é um bom exemplo desse drama de moral doméstica, jornalisticamente atento a fatos reais, "arte" estruturada por técnicas simples de narração e mais próxima do mundo da palavra (logo, do rádio) do que das imagens em sua autonomia. A realidade que a telenovela restitui a seu público é a realidade (sonhada) da moral caseira, convenientemente administrada pelo *medium*. Através dela percebe-se claramente, porém, que a tevê tem muito pouco da decantada "janela para o mundo", sendo antes o espelho deslumbrante da ordem da produção.

---

41. Em entrevista à revista francesa *Realités* (1975), Marshall McLuhan observa que a campanha eleitoral pela televisão é mais um debate de imagens do que um debate de ideias. Afirma o teórico canadense que, "nos países anglo-saxônicos, um candidato que desse de si mesmo na televisão a imagem de um homem superior e inteligente, de espírito vivo e alerta, de rebatida pronta, não poderia ser eleito: não seria tolerado. Foi o caso do Adlai Stevenson, o rival infeliz de Eisenhower".

III
Televisão no Brasil

Já assinalamos que o moderno desenvolvimento dos meios de informação implica na constituição de um *sistema* que supõe, do ponto de vista dos meios de trabalho, formas de reprodução e difusão baseadas em tecnologia avançada. Sua função no jogo das classes sociais é produzir hegemonia ideológica ou dominação cultural. E este efeito, no interior do modelo econômico-social do Brasil, tem representado um valor real no processo de acumulação do capital, na medida em que equivale a um trabalho socialmente necessário para a reprodução das condições produtivas dominantes.

Efetivamente, ao definirmos televisão (o *broad-cast* televisivo) como a ponta tecnológica desse sistema de monopolização da fala[42], deixamos estabelecida a hipótese de sua homologia com os fenômenos de concentração da produção econômica, do poder político e do neomonolitismo das formas de pensamento. Mas o sistema pressupõe também, do ponto de vista da demanda, uma série de fatores:

---

42. É provável que na próxima década de 1980 o sistema da televisão (complementado pela tecnologia dos satélites domésticos, videodiscos e videocassetes) atinja mais de 80% dos brasileiros. É também admissível o risco de que este venha a ser o principal meio de contato do elemento nacional com a "realidade".

a) industrialização e unificação do mercado por um centro econômico;

b) aumento dos níveis de renda e aparecimento de novas camadas de consumidores;

c) crescimento e modernização das cidades;

d) elevação dos níveis de instrução e aparecimento de novas carências de lazer;

e) custo unitário dos serviços informativos relativamente baixo para cada consumidor, devido à expansão do financiamento publicitário.

Embora as primeiras emissoras de tevê brasileiras tenham sido inauguradas no início dos anos 1950 (em setembro de 1950, TV Tupi de São Paulo, Canal 3; em janeiro de 1951, TV Tupi do Rio de Janeiro, Canal 6), só depois de 1967 se poderia falar de um "sistema" informativo, com o sentido aqui proposto. Modelado por uma doutrina implícita de *modernização*, esse sistema exerce a tarefa de imposição da centralização cultural, *pari passu* com a centralização política e econômica. Ganha vigor, portanto, no interior de um modelo produtivo voltado para uma economia urbana apoiada no consumo de luxo (ou ainda ostentatório, suntuário ou conspícuo). O desenvolvimento conhecido pela televisão brasileira nos últimos dez anos é uma das consequências ideológicas da estratégia de crescimento nacional que prevê o investimento do excedente econômico do país (a acumulação produzida pela mais-valia) na produção de bens e serviços de luxo.

Para começar a esclarecer esta questão é conveniente esquematizar, ainda que de forma elementar, a composição possível dos bens e serviços numa economia nacional:

1. Produtos alimentares básicos, transportes públicos, diversões populares etc.

2. Bens e serviços correspondentes a um padrão intermediário de bem-estar (eletrodomésticos, automóveis etc.).

3. Bens e serviços conspícuos (automóveis de luxo, alimentos requintados, turismo externo, vestuário sofisticado etc.).

O predomínio de um desses fatores está ligado à estrutura de distribuição da renda nacional e impõe diretrizes ao aparelho produtivo. Uma concentração elevada da renda – ao mesmo tempo em que veta às camadas pobres o pleno acesso aos produtos básicos e incita as frações favorecidas ao consumo conspícuo – gera um aparelho produtivo voltado para os bens e serviços de luxo. O estímulo para o crescimento econômico passa a ser, deste modo, a diversificação sofisticada dos bens e serviços de luxo, que atendem apenas a um setor restrito da população. Este modelo tem consequências radicais, de ordem não só econômica, mas social e cultural. E todas se caracterizam pelo aumento da distância entre os aparelhos do poder e a maioria da população – ou seja, entre dirigente e dirigido, produtor e consumidor, falante e ouvinte. A televisão é hoje, no Brasil, a sistematizadora da linguagem de massa desse modelo.

Mudanças de estrutura

Para que isto ocorresse, o país teve de passar por transformações profundas desde os anos 1930, quando termina o ciclo hegemônico da economia agrário-exportadora (a cafeicultura) e se implantam as bases urbano-industriais da produção. A partir daí, aumentaram-se as taxas de crescimento industrial e se intensificou o processo de modernização das cidades, segundo os modelos cosmopolitanos dos países desenvolvidos. Em 1930, começa a substituição de importações, tanto de bens agrícolas quanto fabris, como resultado da redefinição do processo de acumulação de capital – logo, das relações entre capital e trabalho.

Embora a renda da indústria só tenha realmente superado a da agricultura na segunda metade dos anos 1950 (Governo Juscelino Kubitschek), a industrialização brasileira já era um processo irreversível nos anos subsequentes à Segunda Grande Guerra. Nesta época, consolidou-se a tendência à substituição de importações. Todo o empenho do Estado, fortalecido pelo aumento do poder de institucionalização das regras do jogo econômico, destinava-se a converter a indústria em polo dinâmico da economia nacional (o confisco cambial do café e o subsídio cambial para as importações de bens de capital, depois de 1956, são exemplos desse empenho em favor da industrialização).

Ao mesmo tempo, o Estado criava as condições institucionais e infraestruturais para o desenvolvimento da economia urbanoindustrial exigido pelo novo processo de acumulação de capital. Como este teve seu impulso na região Centro-Sul (Rio-São Paulo) – onde era maior o mercado interno e com mais capacidade de concentração da mão de obra de reserva (o "exército industrial de reserva") necessária ao barateamento dos custos da produção industrial – para ali convergiram os fluxos migratórios internos. Nas décadas de 1940 e 1950, intensificaram-se as migrações inter-regionais (em 1940, já havia declinado a imigração estrangeira, tornando-se os migrantes a grande massa que chegava à parte mais dinâmica da economia). Realizava-se a pleno vapor a unificação do mercado interno, tanto do ponto de vista econômico, como político e físico. Na década de 1950, quando a população nacional aumentou em cerca de 20 milhões, a emigração dos Estados de Minas Gerais até o Piauí para o Centro-Sul atingiu mais de 2,6 milhões de pessoas. Toda essa massa populacional vai constituir o "exército industrial de reserva" para o novo impulso de industrialização, que alcança bens de capital (máquinas, equipamentos), bens intermediários (siderurgia, cimento, celulose, produtos químicos etc.) e bens duráveis de consumo (automóveis, eletrodomésticos). Evidentemente, essa aceleração do processo de industrialização gerou uma expansão formidável dos serviços (setor terciário da economia), das atividades comerciais e financeiras, dos afazeres artesanais e semidomésticos, sem deixar de lado o crescimento da rede escolar.

Todos estes fatores, que concorrem para a acumulação acelerada do capital urbano industrial, são *internos*. O principal fator *externo* de ampliação da produtividade industrial foi a transferência de tecnologia, na forma de equipamentos e máquinas, pelos monopólios internacionais. A famosa Instrução-113 (1955), que permitia a importação de bens de capital sem restrições de qualquer ordem, mesmo havendo similares nacionais, foi o passe-livre para o capital estrangeiro na nova arrancada industrializadora. Uma vez instalados, os monopólios (cuja tecnologia era também capaz de gerar monopólios nacionais), impunham a sua estratégia de crescimento econômico pela diversificação produtiva dos bens de luxo.

Esse crescimento não significava progresso para a nação como um todo: a maioria da população ficou à margem do consumo industrial (caso do setor agrícola, que pouco mudou desde a época da acumulação primitiva do capital brasileiro) ou foi incorporada à ordem produtiva numa situação altamente exploratória (caso da maioria dos assalariados e dos subempregados, constituída principalmente pelos migrantes das décadas de 1940 e 1950, que vivem em condições miseráveis nas cidades).

Na verdade, essa marginalização da maioria está na lógica da estrutura produtiva nacional, marcada por uma heterogeneidade que alimenta desigualdades sociais e dependência econômica para com um centro capitalista interno (a região Centro-Sul). A ênfase da produção no consumo de luxo, com uma demanda cada vez mais diversificada, acentua essa heterogeneidade discriminativa. A marginalização, portanto, não foi contingente, mas *necessária* ao processo acumulativo brasileiro, como força de pressão sobre a oferta de trabalho ou enquanto força de trabalho potencial para a indústria. Esta sempre contou com a baixa remuneração salarial em relação à produtividade dos setores industriais, de maneira que a demanda dos bens e serviços de luxo pudesse ser fomentada pelo excedente (a mais-valia) estrutural do sistema.

Toda uma literatura econômica brasileira tem demonstrado, numericamente inclusive, como a acumulação foi financiada pela diferença entre o salário real e a produtividade. No Governo Kubitschek, quando se forjou uma aura de otimismo para a nação, acentuou-se ainda mais o declínio do salário real, em favor de novas camadas urbanas privilegiadas, beneficiárias do consumo conspícuo.

Como a expansão desse consumo não se dá em harmonia com a renda média nacional, tornou-se necessária a instalação progressiva (acentuada a partir de 1968) de mecanismos financeiros capazes de encaminhar adequadamente a renda excedente. Estes mecanismos tendem a depender cada vez mais da estratégia empresarial dos conglomerados multinacionais. São estes que efetivamente decidem hoje quanto à política de preços, qualidade e diversificação dos bens de luxo já existentes no país. E tal monopolização dos setores dinâmicos da indústria e das finanças se faz complementar, no plano estatal, por um poder concentracionário no nível das decisões políticas, que terminam funcionando como um poder gerencial das diretrizes traçadas pelos conglomerados e da tecnologia por eles introduzida, a custos elevados, no país.

Um modelo socioeconômico desse tipo, em que a exclusão social das camadas populares alimenta os lucros da produtividade e contribui para o aumento da renda excedente, não é incompatível com índices elevados de crescimento econômico. Isto ocorreu no período Kubitschek, graças principalmente ao impulso da substituição de importações. Aconteceu também entre 1968 e 1972, devido à expansão da demanda de bens e serviços de luxo (ao lado do desenvolvimento vertiginoso da construção civil), permitida pela reconcentração da renda nacional. Os custos sociais deste processo (o empobrecimento e a miséria relativa das camadas populares) eram imensos. Mas, evidentemente, a viabilidade deste modelo de crescimento econômico estava na manutenção da expansão acelerada da demanda de bens de luxo. Acentuou-se, assim, a sua produção diversificada, ao mesmo tempo em que, através da ampliação do crédito, transferia-se parte da renda excedente para uma elite assalariada e estratos esparsos das camadas médias da população.

O sistema da televisão

A essa demanda de luxo costumam ajustar-se as expressões "consumo moderno", "moderna sociedade de consumo", "mercado de massa", "sociedade moderna" e outras. E para apoiar a expansão dessa "modernidade", os setores privado e estatal passaram a realizar largos investimentos em obras urbanas, telecomunicações, publicidade etc. Neste impulso, firmou-se o *sistema da televisão*. Não foi por acaso que, precisamente em 1968, se daria o grande *boom* de vendas de aparelhos-receptores de tevê no país. Graças à instituição do crédito direto ao consumidor, as vendas de aparelhos-receptores tiveram naquele ano um aumento de 48% em relação a 1967, num total de 700 mil unidades. No final de 1971, às vésperas do lançamento da tevê em cores (uma diversificação do produto-serviço, que não pudera ser implantada em 1963, em virtude da estagnação econômica do período 1962-1967), venderam-se perto de um milhão de aparelhos preto e branco.

Há, portanto, uma diferença entre a instituição do sistema da televisão tal como já o definimos e a implantação da técnica televisiva no país. O sistema não se instituiu, a partir da tevê propriamente dita, na década de 1950 (a exemplo dos Estados Unidos), porque ainda não havia fatores de demanda suficientemente fortes para sustentá-lo. Entretanto, já havia nessa época, do ponto de vista demográfico, bases urbanas para o desenvolvimento do sistema. A Sociologia da Comunicação norte-americana (Lucian Pye, Daniel Lerner, dentre outros) tem demonstrado que o desenvolvimento dos meios de comunicação de massa está ligado à instrução, que tem, por sua vez, correlação estreita com o fenômeno da urbanização. Admite-se que, ao atingir a população urbana o nível de 25% da população nacional, o sistema dos meios de informação substitui a comunicação oral predominante. Nos anos 1950, o processo brasileiro de urbanização já havia ultrapassado em muito aquele nível[43], e as metrópoles do Centro-Sul (Rio e São Paulo) já ampliavam as redes de ensino escolar. O país também já dispunha na época de uma notável tradição jornalística (O *Estado de S. Paulo, Correio da Manhã, Jornal do Brasil* e outros), mas a empresa jornalística brasileira, apesar das exigências de grandes investimentos em material técnico, era de fraca intensidade capitalística. Claro que os jornais dependiam de investimentos publicitários, mas os diversos e poderosos tipos de apoio dados por setores públicos e privados não obedeciam necessariamente às leis de mercado, mas a interesses políticos conjunturais. A aliança política era insumo de peso na produção do jornal. Os editoriais e as campanhas costumavam refletir as posições de grupos diversos: estaleiros, pecuaristas, cafeicultores, indústrias nacionais etc.

Mais do que o jornal, a revista ilustrada moderna – cujos padrões internacionais foram estabelecidos por órgãos como *Life, Look, L'Europeo, Paris-Match, Collier's* – sempre esteve diretamente ligada à organização capitalista do mercado e, consequentemente, mais próxima do sistema da televisão. Não que o jornal esteja fora do âmbito da empresa capitalista: o que pretendemos acentuar é que a demanda do produto revista de informação geral, ao contrário do jornal, pressupõe um mercado de massa, que se caracteriza por um universo indiferenciado de consumidores. Extremamente dependentes de investimentos publicitários,

---

43. Atualmente, 55% da população brasileira vivem nas cidades, e 45% no campo. Deve-se observar, porém, que urbanização não implica necessariamente em formação de metrópoles: as pequenas cidades, que funcionam como entrepostos comerciais para os grandes centros, já fazem parte do processo urbanizador. No Brasil, 21% da população urbana estão em municípios de menos de 10 mil habitantes.

as revistas de informação geral tendem a ser despolitizadas e sujeitas a uma obsolescência rápida, já que o êxito de sua fórmula está sempre ligado a fenômenos sociais e econômicos de duração imprevisível. Mas, ao converter a imagem em informação, a revista ilustrada já indicava o futuro caminho expressivo da televisão.

Em 1956, as diretrizes publicitárias do consumo ostentatório começaram a fazer das revistas *O Cruzeiro* e *Manchete* – especialmente desta última – os seus suportes. *O Cruzeiro*, que datava de 1928 e chegou a tiragens de mais de 500 mil exemplares, desde o início da Segunda Grande Guerra adotara a fórmula de *Life*, transformando a fotografia em notícia. Mas foi *Manchete* (fundada em 1952 por gráficos desejosos de aproveitar os benefícios da lei que isentava empresas jornalísticas de impostos alfandegários) que levou mais longe, seguindo a fórmula francesa de *Paris-Match*, a tecnologia da imagem: valorização da paginação, impressão bem cuidada, fotografias abundantes e selecionadas com apuro técnico.

Nessa época, em pleno Governo Kubitschek, as elites urbanas experimentavam o otimismo da "arrancada desenvolvimentista", isto é, da aceleração do processo acumulativo do capital industrial. A intensa mobilidade social do período e o populismo nacionalista alimentado por obras de espírito "bandeirante" (estrada Belém-Brasília, construção da nova capital etc.) não deixavam ver que a nova forma de acumulação correspondia a um aumento de exploração da força de trabalho. Intelectuais eufóricos chegaram a produzir uma filosofia do desenvolvimento (uma espécie de hegelianismo caboclo) que concebia a nação como "totalidade envolvente" e equacionava "consciências ingênuas" e "consciências críticas". Por trás da "totalidade" filosófica, havia mesmo a realidade econômica da unificação do mercado interno por um centro, onde novas camadas privilegiadas celebravam a era do consumo com champanha, caviar, meias de náilon, *cadillac rabo de peixe* – enfim, com *café-soçaite*. Aos olhos dos apologistas do Plano de Metas juscelinista, o aumento da inflação interna e o déficit no balanço de pagamentos não constituíam problemas sérios.

Manchete era o *medium* adequado para o otimismo das elites desejosas de ver o mundo em imagens coloridas – ou seja, o mundo fabricado pelo mercado de bens de luxo – e com textos de irrefreável entusiasmo "bandeirante". *Manchete* foi, na verdade, a precursora da televisão no Brasil – o impulso mercadológico do sistema, coroado pela TV Globo. Isto foi plenamente percebido pelas agências publicitárias, que investiram na fórmula elitizante de *Manchete* (a revista jamais ultrapassou a média de 200 mil exemplares) em detrimento da fórmula popularesca de *O Cruzeiro*. Os anúncios das grandes indústrias (automóveis etc.) passaram a acertar o caminho das páginas lidas pela elite aquisitiva do país. Por volta de 1960, quando a rotogravura e moderníssimas impressoras atestavam a supremacia colorida de *Manchete*, *O Cruzeiro* entrava em declínio. Foi sepultada 15 anos depois, mais ou menos como ajudara a fazer, na década de 1950, com as revistas *A Noite Ilustrada*, *Fon-Fon*, *O Malho*, *Revista da Semana* e outras, que datavam do início do século, mas impulsionadas pelo primeiro surto industrializador, em 1930.

A implantação da tevê

E a televisão propriamente dita? Quando ela surge em 1950, ainda era incipiente o mercado urbanoindustrial, que depois seria capaz de gerar mecanismos publicitários poderosos. Nos anos 1950, as verbas das agências dividiam-se majoritariamente entre jornais, revistas e emissoras de rádio – estas últimas captadoras de imensas audiências populares, graças a espetáculos musicais, novelas etc. Neste quadro, a tevê se implanta como uma mera e curiosa inovação tecnológica, um "brinquedo" de elite. Ao chegarem os equipamentos técnicos (em 1948, quando o Brasil se entregava à importação desenfreada de bens de consumo, gastando divisas até em matéria-plástica), não havia aqui indústria de componentes técnicos de tevê. Até as válvulas eram de fabricação americana.

Mas no final dos anos 1950 já havia no Rio e em São Paulo meia dúzia de emissoras (TV Tupi do Rio, TV Tupi de São Paulo, TV Paulista, TV Record, TV Continental, TV Rio), Brasília já ganhara dois canais e em Belo Horizonte funcionava, desde 1956, a TV Itacolomi. O início do Governo Kubitschek coincide com a proliferação das emissoras. O ufanismo desenvolvimentista, ligado à falta de planejamento mercadológico, incitava os empresários ao ramo da televisão. Basta dizer que Assis Chauteaubriand, o primeiro capitão de indústria do jornalismo brasileiro, disposto a ver uma antena transmissora em cada grande cidade do país, comprou nove estações, de uma só vez, nos Estados Unidos. A concentração de renda já permitia então essa dissipação festiva – tanto de divisas e capital acumulado quanto da própria possibilidade de existência das empresas de tevê, pois ainda não havia público nem mercado para tantas estações. No início do período Kubitschek não havia mais que 250 mil receptores no país, e no final da década o total ficava muito aquém de um milhão. A tevê era realmente um brinquedo eletrodoméstico de minoria, tanto de produtores como de consumidores.

Mas foi justamente essa ineficiência econômica que permitiu à televisão brasileira da primeira década uma programação de elite. Um dos grandes problemas da programação de tevê, na opinião de Abraham Moles[44], é a determinação de seus próprios fins e de sua escala de valores. Isto equivale a indagar sobre o estabelecimento de uma "doutrina" (na verdade, uma definição de limites) do papel social da tevê ou da radiodifusão em geral. Maior satisfação para o maior número é a principal característica da linha de programação a que Moles dá o nome de *doutrina demagógica* dos publicitários. Do ponto de vista mercadológico, é o primeiro tipo histórico, surgindo no mercado de livre concorrência norte-americano, com o avanço das telecomunicações. Para esta doutrina, a radiodifusão é um sistema destinado a fornecer ao consumidor motivações econômicas associadas a um prazer. A principal preocupação da emissora é equilibrar o coeficiente de atração do programa com a publicidade e obter a maior audiência possível. A verdadeira orientação é dada pela publicidade.

Moles menciona outras doutrinas: *dogmática* (religiosa ou político-partidária), *sociodinâmica* (visão pessoal de Moles), *eclética* ou *culturalista*. Nesta última, encontra-se a ideia de uma educação adulta permanente, que informaria objetivamente sobre tudo no mundo. Esta linha identifica *cultura* e *valor:* o único valor existente é a cultura acumulada, e esta destilaria espontaneamente o sentido da vida. Em resumo, esta é a doutrina democrático-liberal clássica (a que já demos o nome de neoiluminismo),

---

44. MOLES, Abraham. *Sociodynamique de la culture*. Paris: Mouton, 1967.

perpetuadora, através da ética culturalista, dos mitos do Humanismo ocidental.

A ausência de uma estrutura comercial-publicitária e o contato estreito com as elites empurraram a tevê brasileira incipiente para uma linha culturalista de ação. É preciso também levar em conta que não havia uma tradição de *show-business* no país e nem se contava com uma infraestrutura de imagem e som (que seria dada por uma indústria cinematográfica bem plantada) para fornecer subsídios à programação. Assim, a maior parte do pessoal técnico e artístico de tevê provinha da rádio e do teatro. Os programas daí resultantes combinavam telejornalismo (noticiários de estilo radiofônico, debates, entrevistas) com espetáculos culturalistas. Por exemplo, o programa *Música e Fantasia* (TV Tupi, 1954) era considerado um musical de bom gosto, indo buscar os seus temas em compositores clássicos, como Tchaikovsky, Grieg e outros. A coreografia ficava a cargo de artistas de renome como Darcy Penteado e Gianni Rato. Ao mesmo tempo, o teleteatro marcava época com *TV de Vanguarda* (também da Tupi), que apresentava peças clássicas (de Shakespeare, Pirandello etc.) e adaptações de romances como *Os miseráveis*, *Senhora* etc. Dessa programação participava gente como Dulcina, Maria Della Costa, Ziembinsky, Fernanda Montenegro, Natália Timberg, Procópio e muitos profissionais de alta qualificação. A linha culturalista visava até o público infantil: *O sítio do Pica-pau amarelo*, de Monteiro Lobato, que estreara em 1951, permaneceu 14 anos no ar.

A partir de 1960, muda o panorama. Havia então 15 estações de tevê concentradas nas capitais. Já se faziam sentir os efeitos da ampliação do consumo industrial impulsionado na década anterior e, apesar do impasse na situação político-econômica do país (com a inflação crescente fazendo aumentar as tensões internas), já estava bem delineado um perfil urbano de consumo. A televisão começa a assumir o seu caráter comercial e a disputar verbas publicitárias com base na busca de maior audiência.

O passo é dado, em primeiro lugar, pela TV Excelsior, que montou um esquema publicitário apoiado numa programação unificada para mais de um mercado: os preços dos anúncios publicitários possibilitavam a alternativa de aproveitamento em outros mercados consumidores. A técnica do videoteipe, introduzida na época, era a base tecnológica para essa mercadologia de tendência monopolística. As ideias da programação norte-americana começaram a ser importadas (por exemplo, *O céu é o limite*) e, junto com elas, os *enlatados*. Tiveram início também os programas de auditório que, repetindo os antigos esquemas da Rádio Nacional do Rio de Janeiro, se conjugaram à nova expansão industrial da música popular brasileira. Entre 1964 e 1968, a TV Record promoveu em larga escala programas musicais de auditório (*O fino da bossa, Bossaudade, Jovem guarda, Esta noite se improvisa* e outros), que culminariam nos festivais da canção. Estes foram os responsáveis pelo lançamento dos grandes ídolos da canção (Gilberto Gil, Caetano Veloso, Chico Buarque de Holanda, Elis Regina e outros) até meados da década de 1970. A luta pelo mercado publicitário, iniciada com maiores condições comerciais de competitividade pelas emissoras paulistas (Record e, principalmente, a Excelsior), funcionou como uma espécie de "pioneirismo mercadológico" para a afirmação da TV Globo, verdadeiro começo do *sistema televisivo* brasileiro ou do que também poderíamos chamar de *indústria da comunicação televisiva*. A TV Globo, escudada por um jornal influente, por uma rádio bastante popular no Rio de Janeiro e por um obscuro contrato com o grupo norte-americano *Time-Life*, foi inaugurada em 1964 (o Canal 4 do Rio de Janeiro só foi inaugurado em abril de 1965), mas sua arrancada começa efetivamente em 1967.

Uma afirmação hegemônica

É importante observar, porém, que determinadas mudanças econômicas, políticas e institucionais ocorridas no país influíram direta ou indiretamente no êxito da TV Globo. Realmente, a partir de 1964, o modelo nacional de crescimento econômico – ameaçado no Governo anterior pela inflação descontrolada, pelo déficit no comércio externo e pela agitação política – foi viabilizado por uma série de medidas restauradoras. Estas alijaram dos centros decisórios as antigas elites (políticos, setores agrários tradicionais burocratas de nível médio etc.), substituindo-as por setores mais afinados com uma linguagem "modernizadora": tecnocratas, assessores financeiros, industriais associados à produção monopolística. Em resumo, aumentou-se a hegemonia do Estado no processo econômico, e a renda se reconcentrou, com vistas a uma maior expansão do capital empresarial. Ao mesmo tempo, redobraram-se as medidas de integração geopolítica do território nacional (Projeto Rondon, Mobral etc.), com amplos investimentos colaterais no setor das comunicações. O Plano Nacional de Telecomunicações, cujas diretrizes tinham sido fixadas em 1962, só pôde ser implantado a partir de 1967, com a Empresa Brasileira de Telecomunicações (Embratel), filiada ao Consórcio Internacional de Comunicações por Satélites (Intelsat), conglomerado encarregado da exploração da demanda do tráfego internacional de telecomunicações.

A modernização tecnológica das comunicações, conjugada com a reconcentração da renda e uma maior diversificação dos bens de luxo, favoreceu diretamente a expansão da tevê. Realmente, o desenvolvimento da televisão não envolve um único aspecto produtivo (como acontece com a imprensa), mas diversos tipos de produção paralela que vão da fabricação de receptores e da organização de setores especializados de pessoal técnico até o crescimento da produção de bens duráveis de luxo. A televisão, por sua vez, passou a significar cada vez mais o "futuro" tecnológico do sistema dos meios de informação, articulado, apesar de eventuais contradições internas, com a ideologia modernizadora do modelo de crescimento econômico. *Modernização* aqui significa reprodução ideológica dos padrões de vida da sociedade urbanoindustrial (consumo, educação etc.), mesmo nas regiões rurais ou interioranas onde inexista renda importante.

Há hoje no Brasil cerca de 58 estações geradoras comerciais de tevê (além de 15 emissoras de tevê educativa), com centenas de retransmissores concentrados em três redes: Emissoras Independentes (de alcance puramente regional), Tupi e Globo. A Rede Globo de Televisão – produzindo atualmente 75% de sua programação (fenômeno único no mundo inteiro) e com um faturamento anual estimado em 120 milhões de dólares, o que equivale a aproximadamente *18% do total* da receita de propaganda no país em 1976 – conseguiu capitanear financeira e tecnologicamente o sistema. Isto ocorreu principalmente porque a empresa pôde ajustar-se à modernização do mercado, racionalizando a sua gestão em bases capitalísticas mais estritas.

Esta racionalização capitalista da gestão tem destaque especial. É que a produção de bens culturais ou simbólicos (jornal, revista, filme, discos, espetáculos televisivos etc.) se caracteriza hoje por custos elevados e uma produtividade baixa, de maneira geral. Os meios de reprodução mecânica ou eletrônica, como a tevê, podem ter um alto rendimento quantitativo do ponto de vista técnico, mas a sua produção econômica tem pequeno ganho de produtividade, em virtude da dificuldade de diminuição do montante de trabalho para a obtenção de um resultado qualquer. Pode-se fabricar aparelhos de tevê mais perfeitos e em prazos menores, mas é problemática a aceleração do trabalho de elaboração do produto ou serviço oferecido pela emissora de tevê. Devido à natureza especial de sua mão de obra (em geral, profissionais oriundos de setores intelectuais) e à instabilidade de suas fontes de renda, não é nada fácil para a tevê, como de resto para qualquer outro ramo da indústria da comunicação, a adoção de técnicas modernas de administração – que implicam, entre outras coisas, em cálculo de optimização, estudos de mercado e controle orçamentário.

O triunfo da TV Globo, sem dúvida alguma, está ligado ao planejamento administrativo ou à racionalização capitalista-monopolística de sua gestão. Segundo o publicitário Mauro Salles (*Veja*, n. 422, 1976), foi importantíssima para esta emissora a adaptação da fórmula norte-americana de exploração comercial, que consiste em vender o tempo da televisão como um todo "e não mais em cima de horários ou programas isolados". Fatores desta ordem e outros – como já afirmamos, mais imprecisos ou obscuros – colocaram a empresa em boa situação para dominar o mercado. E isto foi feito com rara habilidade.

A estética do grotesco

Para começar, depois de 1967, a TV Globo estabeleceu uma programação nitidamente popularesca, com base no eixo Rio-São

Paulo: vendiam-se em São Paulo os programas cariocas de sucesso, ou seja, os espetáculos do Chacrinha, Raul Longras etc. Na ocasião, os programas ainda tinham um cunho regionalista, atendendo a supostas variações de gosto locais.

A partir de 1969, concentrando-se a produção de programas no Rio de Janeiro (uma linha carioca para todo o país) e ampliando-se a rede de operações em bases norte-americanas (isto é, ligações contratuais com emissoras independentes, ditas "afiliadas", nos demais estados), começou a impor-se a Rede Globo de Televisão. A "rede" é um tipo de organização empresarial monopolística, que possibilita uma concentração técnica e burocrática da produção e diminui os riscos para os seus elevados investimentos. A rede é também especialmente vantajosa para os investidores publicitários.

A conquista da audiência teve um registro cultural insólito no Brasil. Foi a Globo a principal responsável pela *estética do grotesco* (cf. o nosso *A comunicação do grotesco*, Editora Vozes), que liderou a audiência de tevê entre 1968 e 1972, justamente o período do *boom* econômico-financeiro. O *grotesco* significou uma singularíssima aliança simbólica da produção televisiva com os setores pobres ou excluídos do consumo nas "ilhas" desenvolvidas do país (Rio e São Paulo).

Já acentuamos que a exclusão social está na lógica do modelo brasileiro de crescimento econômico, que concentra numa minoria localizada majoritariamente nas grandes cidades a renda-excedente do país. O *campo* ou *interior*, lugar da produção primária (extração, criação e cultivo) e do excedente alimentar indispensável à formação urbana, é sistematicamente excluído dos benefícios do modelo. O mesmo tende a acontecer com a população urbana proveniente do campo – as camadas populares constituídas basicamente nas décadas de 1940 e 1950 pelas migrações rurais ou de pequenas vilas. Assim, com o capitalismo monopolista expansivo, convivem setores presos a uma economia de subsistência, que favorece a acumulação do capital industrial. Pode-se dizer que estes setores constituem o lado *arcaico* da vida nacional, desde que não se entenda esta expressão como radicalmente opositiva ou algo superado pelo *moderno*, pois aqui *o arcaico é a condição de existência do moderno*. Existem, na realidade, contradições flagrantes entre a modernização econômico-tecnológica (expressa pela linguagem da exportação, das finanças, da Bolsa, da tecnociência) e as antigas culturas (tanto a clássico-humanística das escolas quanto as culturas populares). Mas a indústria da comunicação tem conseguido lidar muito bem com essas contradições, aproveitando, de acordo com suas conveniências mercadológicas, quaisquer conteúdos culturais postos à sua disposição.

Assim, para conquistar a audiência popular das grandes cidades, a televisão brasileira, capitaneada pela TV Globo, passou a acionar o lado arcaico da vida nacional, representado pela permanência de aspectos simbólicos interioranos (agrícolas) na esfera urbana tecnologizada. Os programas por nós descritos como de *ethos* grotesco – Chacrinha, Raul Longras, J. Silvestre, Dercy Gonçalves, Sílvio Santos e outros – tinham uma clara função mercadológica: formar um público básico para o "salto" industrial da televisão. Em suas origens, o aparelho de tevê significara a contradição entre campo e cidade, entre pobres e ricos, mas agora a indústria precisava uma vez mais da "mão de obra de reserva", para acumular um novo tipo de excedente: o de audiência, constituído pela "mais-valia" da palavra. Foi assim que os grupos C e D da população urbana (assalariados de base, trabalhadores independentes, migrantes, favelados) passaram a interessar à empresa de televisão. O *grotesco*, por seus efeitos expressivos de distanciamento com relação ao objeto temático, era a categoria estética apropriada para tratar tecnologicamente do "arcaico". O universo oral da cultura popular foi retraduzido pelo código eletrônico para o público urbano, como se fosse uma realidade distante, anômica ou monstruosa. Se nas páginas coloridas das revistas destinadas ao público de renda elevada não apareciam negros[45] nem pobres, a televisão permitia-se agora a incluir a imagem dos socialmente excluídos, mas sob o índice do *desvio*, do *prodigium*. E quando o *Fatum* ajudava, podia-se até ganhar um prêmio, um eletrodoméstico qualquer.

A estratégia deu certo. Em 1971, 70% dos aparelhos ligados no Rio e em São Paulo já pertenciam a famílias das citadas classes C e D. Os principais anunciantes de tevê eram os grandes intermediários de *gêneros* alimentícios, os supermercados[46], decididos

---

45. Quem se dispuser a fazer uma análise de conteúdo das principais revistas ilustradas nacionais não terá nenhuma dificuldade em verificar que a imagem veiculada do homem brasileiro corresponde a um padrão branco-dolicocéfalo (se possível, louro e de olhos azuis). Abre-se exceção para os casos do carnaval e do futebol. Mas nós próprios já escutamos numa sala de redação, da boca de um empresário editorial, a frase definitiva: "Foto de preto não vende revista".

46. Diante dos lucros dos supermercados, as tabelas da tevê jamais foram excessivas, inclusive porque o valor da publicidade acaba entrando na composição dos preços dos produtos. A publicidade se dilui, a médio prazo, na própria venda dos produtos a varejo. Por outro lado, a macro-organização do supermercado atua psicologicamente sobre o consumidor, impedindo-o de questionar os preços dos produtos alimentícios (como se faz na quitanda ou na feira), que desde 1960 vêm sendo obtidos com mais horas-médias de trabalho.

a liquidar com a concorrência dos pequenos armazéns e das feiras livres.

No estudo de caso intitulado *A noite da madrinha* (Ed. Perspectiva, 1972), apresentado como tese de Mestrado em Sociologia, Sérgio Miceli postula que "os meios de comunicação de massa, em geral, e a televisão em particular, constituem os veículos de uma ação "pedagógica" a serviço do processo de unificação do mercado material e simbólico, que se traduz pela imposição "diferencial" da cultura dominante. A indústria cultural atua, aqui, em resposta às demandas simbólicas de duas faixas sociais: de um lado, em escala nacional, opera como meio de socialização compensatória da massa "excluída" e, de outro, ao nível dos grandes bolsões industriais (São Paulo, Rio de Janeiro, Porto Alegre etc.), atua como reforço simbólico ao estilo de vida dos contingentes médios já integrados ao mercado material (mercado de trabalho e mercado de consumo) e simbólico dominante" (p. 218). A televisão, enquanto mostruário de bens duráveis de consumo, forneceria ao excluído uma espécie de "cultura de antecipação" – uma figuração substitutiva ou vicária do universo real de consumo ao qual ainda não tinham acesso os excluídos.

Ora, já frisamos antes que o pedagogismo é uma característica da função disciplinar dos meios de informação no Ocidente, não se tratando portanto de um traço particular dos *media* brasileiros. Por outro lado, a tese de Miceli redunda num sociologismo redutor (inspirado nos modelos franceses de P. Bourdieu) que parece desconhecer a especificidade do fenômeno ideológico. Em seu trabalho, o ideológico é concebido como o conjunto dos *conteúdos* pedagógicos destinados a ressocializar contingentes populacionais excluídos pela imposição de um *habitus* de classe dirigente, quando ideologia deve ser entendida primordialmente como uma forma lógica homóloga (mas específica) à produção material e simbólica. O verdadeiro vetor ideológico começa na separação entre os fatores capital e trabalho, passa pela divisão entre dirigentes e dirigidos e vai até à distância entre falante e ouvinte – a expropriação pelo *medium* da possibilidade de falar do sujeito.

Miceli não percebe o modo específico de atuação do ideológico, fazendo os meios de informação aparecerem, erradamente, em sua tese, como meros instrumentos de imposição de uma cultura destinada à unificação do mercado. Isto equivale a supor um absoluto funcionalismo dos *media* com relação ao Estado (o que é absurdo no caso brasileiro) ou uma superconsciência diretora por trás da indústria cultural inculcando efeitos de demonstração econômicos e conteúdos pedagógicos capazes de integrar imaginariamente os excluídos do mercado consumidor urbano[47].

Este tipo de argumentação esquece, entre outras coisas, as contradições no interior do sistema informativo e as dificuldades conjunturais dos meios de informação – o desaparecimento de *O Correio da Manhã* é um episódio digno de análise. As diretas e constantes intervenções do Estado no sistema informativo indicam que não existe, *ao nível dos conteúdos ideológicos*, essa harmonia entre o Estado e seus aparelhos indiretos, quando se trata de imposição ideológica. Existe, claro, imposição de conteúdos

---

47. Nesta concepção subjaz também uma crença na eficácia absoluta da produção "de massa", que leva à definição implícita de público como uma *tabula rasa* (à maneira do empirista inglês John Locke) onde, tudo estando em branco, o sistema triunfaria com a inculcação de suas mensagens unívocas. É preciso observar, porém, que a univocidade do código não implica em seu triunfo necessário, mas em sua *vontade* de triunfo e de poder.

por parte dos *media*, mas esta se dá num nível próprio e sem articulações mecânicas com o Estado.

No caso da tevê, o que realmente acontece é que, antes de preocupar-se com a imposição de "valores do arbitrário cultural dominante" (terminologia de Bourdieu incorporada por Miceli), ela está mesmo empenhada na conquista de audiência e de hegemonia publicitária. Num regime de livre-concorrência empresarial, a estratégia simbólica do *medium* depende muito mais de sua efetiva posição no mercado do que de um planejamento consciente ou explícito quanto aos interesses doutrinários das classes dirigentes. A televisão brasileira soube acompanhar, portanto, as indicações da lógica do mercado em sua investida hegemônica. Para contar com uma audiência de base (imprescindível como plataforma numérico-mercadológica), ela se voltou para as camadas C e D, sem jamais esquecer um público já conquistado em suas origens: a chamada *classe B*[2] (burocratas, pequenos comerciantes, pequenos proprietários), gente já integrada à economia urbana. A esta destinavam-se as fabulações familiarizantes da ordem moral, do bom-mocismo, da boa aparência, das campanhas filantrópicas – enfim, de todo o suposto código normativo das camadas médias – contidas em programas do tipo Hebe Camargo, Flávio Cavalcanti etc.

Uma vez asseguradas a audiência e a confiança das agências publicitárias, a televisão pôde permitir-se a uma mudança de rumos: a conquista de telespectadores mais "elevados" e de anúncios mais luxuosos. Em outras palavras, tão logo a tevê deu como consolidada a sua hegemonia industrial (hoje a Rede Globo afirma cobrir mais de 90% dos lares com aparelhos receptores em todo o país), desfez a "aliança" simbólica com as camadas excluídas, *pondo fim à programação do grotesco*. A partir de meados de 1972, já começava a se tornar "obsoleta" no vídeo gente como Dercy Gonçalves, Raul Longras, J. Silvestre etc. A Globo já se dispunha a romper com os critérios retóricos da doutrina demagógica e a dar menor atenção aos índices de audiência do Instituto Brasileiro de Opinião (Ibope).

Pode-se deduzir daí que os programas da linha do grotesco não representavam, como se dizia na época, um mero atendimento ao gosto do público – às "demandas simbólicas" de que fala Miceli. Representava, sim, antes de tudo, a imposição de uma fórmula mercadológica a um público em disponibilidade. Foi a própria tevê que "fabricou" o público de que necessitava como audiência-base. Tendo atingido o seu objetivo (o domínio da audiência por uma rede de caráter monopolístico, já que as outras duas não têm condições de concorrência em bases de mercado nacional), o sistema televisivo passou a impor uma nova fórmula: o "padrão globo de qualidade". Voltaram, assim, ao vídeo, aspectos da doutrina culturalista das origens, misturados às irreversíveis diretrizes publicitário-demagógicas.

A retórica da educação e progresso

A nova fórmula culturalista encontra apoio na expansão do ensino superior, fenômeno intensificado no Brasil a partir de 1968[48]. O Programa Estratégico de Desenvolvimento (1968-1970),

---

48. A origem deste processo deve ser pesquisada no início do período Kubitschek, quando a concentração econômico-empresarial, começando a liquidar setores tradicionais de acumulação da pequena burguesia, gerou um modelo de ascensão de classe baseado na escolarização ou no *status* acadêmico: podia-se "subir na vida" como empregado de uma grande empresa. O processo ganha amplitude nos anos 60.

tido como o mais avançado em programação educacional, previa um enorme elenco de medidas destinadas a elevar a produtividade do sistema de ensino em geral. Embora esse planejamento abordasse tecnocraticamente a educação, como uma variável separada de outras (habitação, saúde, alimentação, renda familiar etc.) na sociedade brasileira, é inegável que, no capítulo do ensino superior, foi acelerada a expansão. Em 1970, quando os investimentos em educação iam a 3,7% do PIB, havia 425 mil alunos matriculados em curso superior no país. Em 1976, os mesmos gastos giraram em torno de 4,2%, e cerca de um milhão de jovens cursavam as universidades[49]. Para a nossa análise presente, não importa que tais índices tenham sido consequência da crescente privatização do ensino. Nosso intuito é frisar o inegável aumento das matrículas no ensino superior e a instalação do *mito educacional no país*. Já apontamos o crescimento dos níveis de instrução como um dos fatores necessários à expansão dos meios de informação no Ocidente. Mas a educação sempre se constituiu também numa possibilidade de ascensão social para as camadas médias.

No Brasil, essa possibilidade assumiu o caráter de *mito* a partir de 1967, quando se começou a fazer crer que "distribuição de renda é um problema de educação": quanto mais instruído, principalmente em nível técnico-científico, mais bem aquinhoado na

---

49. Ao mesmo tempo, os investimentos em propaganda no país ultrapassaram a casa dos 700 milhões de dólares (cerca de 1,35% do PIB), 20% dos quais destinam-se à televisão. Mas é preciso levar em conta que, do total de investimentos em propaganda, só 50% são distribuídos pelas agências de publicidade, sendo a outra parte aplicada diretamente em anúncios classificados, cartazes, *outdoors* etc. Do ponto de vista das agências, a imprensa escrita já foi superada financeiramente, uma vez que as 20 maiores agências de publicidade canalizam mais de 50% de suas verbas para a tevê. A estabilidade financeira dos grandes jornais brasileiros depende hoje, mais do que nunca, das receitas de anúncios classificados e de vendas.

vida estaria o cidadão. Este mito recalca o fato de que o mercado privilegiado de trabalho é – assim como o modelo de crescimento econômico do país – excludente e seletivo. Na verdade, só há retransferência salarial da renda concentrada para alguns: a lógica do mercado não pode ter os mesmos princípios para todos. Mas a educação sempre foi um bom suporte para as ilusões do progresso pela capacidade individual, portanto um polo irrecusável de atração para as camadas médias.

Uma função educacional ou culturalista para a televisão começa a ser reivindicada com insistência pela imprensa[50], educadores e intelectuais brasileiros a partir de 1969. Não era apenas emissoras educativas oficiais o que se desejava, mas a própria culturalização do sistema televisivo comercial. Nessa época, a televisão começa a alterar o velho padrão sentimentaloide mexicano-argentino das telenovela-se a retomar o filão da TV Excelsior de São Paulo, que consistia em caracterizações culturais brasileiras. As telenovelas *Assim na Terra como no Céu* (de Dias Gomes, produzida pela TV Globo) e *Beto Rockefeller* (de Bráulio Pedroso, produzida pela TV Tupi de São Paulo) marcaram o início da representação dramática apoiada no cotidiano nacional. *Beto Rockefeller*, principalmente, significou o começo afirmativo da telenovela como gênero especificamente televisivo e de *know-how* brasileiro. O dilúvio de lágrimas dos antigos drama-

---

50. As reivindicações continuam. O jornal *O Estado de S. Paulo* (24/12/1975), a propósito da concessão de um canal de tevê a Sílvio Santos, fazia, dentre outras, as seguintes afirmações: "O riso, o escárnio, a mímica degradante, a história sem contexto, a locução antigramatical, a pornochanchada tornam-se, por esta forma, impunes [...] Dentro desse universo, o diretor ou animador tem ampla margem de manobra e, como sua craveira intelectual nunca sobrepassa a dos Sílvios, Cavalcanti ou dos Abelardos 'Chacrinhas', Santos pode calcar aos pés confiantemente o bom-senso, o bom gosto, a sensibilidade e a cultura de um povo que tem na tv o seu principal meio de interação com a realidade".

lhões cedeu lugar a dramas interioranos (*Verão vermelho*, *O Bem-amado*), urbanos (*Selva de pedra*, *Bandeira-2*) ou desmistificadores da figura do galã, como *Nino, o italianinho*. Desenvolveram-se depois os dramas do tipo "caso especial". E a televisão reencontrou-se com a literatura nacional, na adaptação de autores como Jorge Amado, Martins Pena, José de Alencar, Joaquim Manuel de Macedo, Machado de Assis e outros.

Simultaneamente, ganhou impulso o telejornalismo. *Fantástico, o Show da Vida*, programa que substituiu o do Chacrinha na TV Globo, combina humor, aventuras, divulgação científica, música, sob a forma de notícia jornalística. É como se fosse uma revista *Manchete*[51], com imagens em movimento. Os documentários e os programas noticiosos cotidianos completam o quadro desta incursão (tecnicamente bem sucedida) da tevê no mundo da notícia – antes domínio quase exclusivo de rádio, jornais e revistas.

Hoje a tevê se apega à sua fórmula (culturalista) jornalístico-telenovelesca (em 1972, o orçamento da Globo era de 42% para o telejornalismo e 30% para novelas; em 1974, a emissora destinava 53% às novelas). O mito educacional se faz presente em todos os instantes desta fórmula, mas de uma maneira bastante peculiar nas telenovelas[52]. Mesmo *Pecado capital* (de Janete

---

51. Isto permitiria inferir a obsolescência da fórmula desta revista enquanto *medium* impresso. Mas anacronismo editorial não significa necessariamente derrocada financeira do veículo. O fenômeno, complexo, exigiria uma análise mais detalhada.

52. A distribuição temática dos enredos tende a seguir na TV Globo um mesmo padrão pedagógico: entre 18 e 20 horas, vão ao ar problemas familiares simples do passado e do presente; das 18 às 19, transmite-se uma adaptação literária (Martins Pena, Machado de Assis, Orígenes Lessa etc.); das 19 às 20, dramas em torno de problemas de cônjuges jovens, noivos, adolescentes etc.; entre 21 e 23 horas, dramas sobre problemas mais "adultos". Em todas essas telenovelas, as regras morais e de conduta existencial passam pelo crivo do *dernier cri* da ideologia educacional.

Clair, TV Globo, 1976), que desenvolveu uma temática popular e com predomínio de ambientação da Zona Norte carioca, não se afastou desse (talvez insuspeitado) "projeto educacional".

Vale a pena recordar como isto se deu. O enredo de *Pecado capital* visava a demonstrar que "dinheiro não traz felicidade" e, para isso, apresentava dois universos: o dos ricos (Zona Sul) e dos pobres (Zona Norte). Dentre os últimos, destacavam-se como personagens centrais *Carlão* (Francisco Cuoco) e *Lúcia* (Betty Faria). No lado dos ricos, as vedetes eram o *industrial Salviano Lisboa* (Lima Duarte) e sua prole: uma neurótica ou esquizofrênica, um *hippie*, um mau-caráter, um frade, um médico residente no exterior. Os problemas começam quando Carlão, pobre, devoto de Ogum, mal-educado, encontra uma fortuna, produto extraviado de um assalto, em seu táxi. A partir daí, sua existência será tumultuada por remorsos, ambições desmedidas, prepotência, jogo e outros males. O dinheiro, nas mãos de Carlão, é apenas "vendaval" (como dizia a letra do excelente samba da trilha musical), não o faz feliz. A *sorte* de Lúcia é diferente: ela junta às graças do Destino o seu esforço pessoal. Torna-se manequim, seduz o milionário Salviano Lisboa (com a evidente oposição da prole) e "educa-se" – aprende a comer em restaurantes caros, boas maneiras, linguagem polida e pitadas de língua inglesa. Educando-se, Lúcia progride, transforma-se mesmo. E num dos capítulos finais, em conversa com Carlão após um jantar fracasso num restaurante caro de Ipanema, ela reconhece a impossibilidade de sequer andarem juntos como amigos: "Agora, Carlão, somos duas pessoas diferentes".

Um folhetim destes dá margem a um sem-número de "leituras", tendo-se em a variedade dos mitos por ele acionados, especialmente o mito da sorte ou do destino. Interessa-nos aqui apenas assinalar a força do mito educacional-modernizador. A moral da história é clara: toda a boa sorte de Carlão não o leva para a frente, porque ele não tinha educação: lidava com dinheiro em bases ultrapassadas, não tinha condições intelectuais para se tornar um empresário moderno e ainda por cima era devoto de uma religião de classe pobre. Termina assassinado num canteiro de obras de modernização da cidade – do metrô. Lúcia, que escolheu um caminho educacional, é premiada, casando-se com Salviano Lisboa. Este é um pai mais atualizado, mais educado, que o pai de Lúcia, e acaba revelando-se um empresário muito moderno ao deixar patente que empresa não pode ser mais assunto familiar, através da demonstração da incapacidade de seus filhos para assumir a direção. A empresa de Salviano, de um ponto de vista oficial, estaria pronta para entrar na Bolsa. A religião mais "educada" (também de um ponto de vista de certos setores oficiais) prova igualmente o seu ponto: a fé em São Francisco de Assis é capaz de operar milagres, ao passo que a devoção de Ogum leva Carlão à desgraça. Enfim, a *educação modernizadora* triunfa em toda a linha, levando à seguinte moral: não é o dinheiro, mas a educação que traz a felicidade nos dias atuais.

Educação e modernização se identificam no Brasil de hoje, e a televisão pode levar a tal ponto o seu papel "supletivo" com relação ao sistema oficial de ensino que às vezes entra abertamente em conflito com aparelhos diretos do Estado. Aí então tem-se a ocasião de se verificar as contradições entre o funcionamento ideológico do *medium* e a política conjuntural de Estado. Por exemplo, a telenovela *O Casarão* (de Lauro César Muniz, TV Globo, 1976) explorou o tema da opressão masculina e dos anseios femininos de emancipação através das histórias de três grandes amores, em três épocas diferentes. A última época é a contemporânea, e o telespectador pôde tomar conhecimento das ruínas das situações anteriores, provocadas por casamentos sem amor, em virtude de pressões familiares. Agora, porém, insinua-se a esperança de uma liberação, porque já não causariam tanto escândalo o desquite nem a traição conjugal esboçada.

A reivindicação moral da telenovela é a revisão do papel da mulher (ideologicamente autorizada pela divulgação jornalística do movimento *Women's Lib*) na sociedade contemporânea, através da modernização das relações familiares e das convenções do casamento. Nada garante que uma mensagem desta ordem, de natureza apenas reformista, não encontre eventuais dificuldades com instâncias censórias de vários tipos, tipificando a diferença a que já aludimos entre o nível ideológico do *medium* e o de outras instituições dirigentes. A médio prazo, porém, os aspectos modernizadores veiculados[53] pelo *medium* tendem a se integrar socialmente, pois de modo geral já estavam contidos como possibilidades na lógica do sistema. No fim, a modernização, educadamente, se impõe.

---

53. Tais aspectos chegam frequentemente do exterior, na forma de informações de revistas ou mesmo de "enlatados" da tevê. Os mais banais seriados televisivos podem conter significações "novas". Por exemplo, *Mod Squad*, que já data de vários anos, empreende uma modernização da imagem policial, levando jovens detetives a se identificarem na aparência com problemas ou crises existenciais da juventude. E assim por diante.

IV
TV e cultura brasileira

A doutrina de modernização que, a nosso ver, articula hoje educação e meios de informação capitaneados pela tevê, não pode existir sem o destaque da problemática da *marginalidade*. Por este termo se designa a falta de atuação ou de participação nos esquemas sociais dominantes. Lúcio Kowarick define marginalidade[54] hoje como a *ausência de algo nas estruturas sociais*, mas também com o pressuposto vigente de que tais estruturas "possibilitam a integração do que falta", sem nunca atentarem para os fatores responsáveis pelos processos de marginalização. Diz Kowarick: "Toda a questão reduz-se, por conseguinte, em ativar o desenvolvimento econômico, abrir canais de participação a amplos segmentos da população, organizar os grupos sociais carentes e canalizar suas reivindicações para os centros decisórios, como se o conjunto desses processos não estivesse fundado em oposições que exprimem interesses inerentes a uma forma de apropriação do excedente econômico".

Realmente, como já assinalamos, a marginalidade (a exclusão social) não é mera disfunção, mas função verdadeira da for-

---

54. KOWARICK, Lúcio. *Capitalismo e marginalidade na América Latina*. Rio de Janeiro: Paz e Terra, 1975.

ma de acumulação do capital no Brasil. Ao lado da moderna produção monopolística da indústria persiste um setor *arcaico* (uma economia de subsistência, tanto no interior como na cidade) que favorece a acumulação do capital industrial. A publicidade e o sistema televisivo atuam em favor do capital industrial como instrumentos de hegemonia ideológica, isto é, de confirmação do *status quo* através do estatuto da mercadoria. Seus conteúdos significativos, portanto, tendem a girar cada vez mais em torno dos valores da faixa populacional que participa da concentração de renda (5% de ricos e meio-ricos que controlavam, em 1970, 37,5% da riqueza nacional) e consome integralmente bens duráveis[55]. O aparelho de tevê é um bem durável acessível ao operariado urbano e à baixa classe média, mediante crediário. Mas os bens de luxo que começam a predominar nas imagens do vídeo destinam-se, em termos de mercado real, aos privilegiados do consumo suntuário, exacerbado pela concentração de renda. Uma emissora de televisão com ampla audiência nacional (caso da Rede Globo) falará cada vez mais de um universo estranho à prática social da maioria de seu público. Para este, constituído de gente excluída da divisão do grande bolo da renda, os bens e os atos mostrados pela tevê só podem ser consumidos em suas funções inessenciais, ou seja, no plano da imaginação – controlada.

Falando a linguagem do desejo forjado, a tevê brasileira esbarra também no consumo impossível. Para a maioria da população, ver televisão significa viver vicariamente, isto é, viver a substituição do real pelo consumo imaginado. Para existir, entretan-

---

55. Os dados correntes costumam levar em consideração um universo de 15 a 20 milhões de consumidores (para uma população de 110 milhões).

to, o sistema da televisão terá de prosseguir com o mesmo discurso inessencial, porque seu tempo é caro, suportável apenas por firmas poderosas – quando não se trata de redes de supermercados, são as empresas de bens duráveis em economia de escala ou os grandes bancos.

A criação desse universo vicário, de *ersatz*, vivido pelo consumidor virtual, é apenas uma das funções ideológicas do sistema televisivo. Mas este é o único aspecto que costuma ser abordado pelos críticos (jornalistas, intelectuais) brasileiros de televisão. Os argumentos permanecem geralmente dentro dos limites do sistema, não conseguindo ultrapassar portanto o campo das reivindicações moralista-culturais. Concentram-se, assim, na pregação da reforma dessa inessencialidade da tevê, que pode assumir muitas formas. Uma destas é a sua descaracterização nacional – o que é um fato. Os dados são eloquentes: 57% da programação são de "enlatados", podendo-se calcular também que, para cada 100 horas de transmissão, há apenas 30 de assuntos brasileiros. Os seriados norte-americanos (do tipo *Bonanza*, *Lancer*, *Cimarron*, *Speed-Racer*, *Search*, *Kojak* etc.), produzidos pelas cadeias NBC, ABC e CBS, que contam com mais de 400 milhões de telespectadores em 79 países do Ocidente, reforçam aqui modelos de vida completamente alheios à realidade da cultura brasileira.

Tais fatos são indiscutíveis, mas não são irremediáveis, já que haverá sempre a possibilidade de medidas governamentais a respeito. Na França, por exemplo, o governo já começou a adotar providências contra a alegada mediocridade da televisão, decidindo ao mesmo tempo restringir a importação de seriados americanos. Evidentemente, a decisão exigirá novos esforços financeiros da indústria cinematográfica francesa, uma vez que os filmes americanos saem por um custo dez vezes menor que os produzidos na França. Apesar das dificuldades financeiras, medidas nacionalistas desse tipo ou medidas de melhoria da qualidade serão sempre admissíveis na esfera da televisão.

A verdadeira questão é outra. Para nós, o problema real está no *recalcamento de aspectos excluídos da cultura brasileira*, operado pela televisão enquanto sistema produtor de um discurso hegemônico da cidade (do capital industrial) sobre o campo ou interior (sobre as culturas marginalizadas). Já caracterizamos a ideologia televisiva como uma racionalização modernizadora da anulação da possibilidade de resposta por parte do público na sociedade contemporânea. No Brasil, o verdadeiro silêncio imposto pela televisão é o silêncio das culturas que estruturam simbolicamente os setores marginalizados da população. O recalcamento dessas outras expressões culturais é o verdadeiro efeito hegemônico produzido pelo sistema.

Conceito de cultura

É necessário determo-nos por alguns instantes na palavra *cultura*. O que ela significa e em que se distingue de *ideologia*?

É sabido que as primeiras tentativas europeias de compreensão das formas de vida estrangeiras partiram do pressuposto de uma universalidade da natureza humana. Tal pressuposto, que anulava em princípio a diferença ou a originalidade das formas estrangeiras, era gerado por um quadro particular: o pensamento etnocêntrico europeu, acionado especialmente pelos filósofos e viajantes do século XVIII. O conceito de cultura adveio da necessidade etnoantropológica de encontrar uma unidade conceitual

118

para o conjunto das produções materiais e "espirituais", dos diversos povos. *Cultura* seria não apenas um sistema de comportamentos (atitudes, costumes, juízos de valor), mas também o sistema da produção material ou o modo de produção econômico. Este conceito confunde-se com o de *formação social* (no materialismo histórico), que é a forma de uma organização humana unificada por valores dominantes, mas considerada como uma totalidade concreta e historicamente determinada, logo complexa e contraditória em seus aspectos produtivos.

A Sociologia francesa remanejou o conceito de cultura com a noção de *civilização*. Esta palavra, que data da segunda metade do século XVIII na França, estabelece a separação entre sociedades "primitivas" e "históricas", na forma de uma oposição radical entre civilizados e não civilizados, bárbaros e cultos. Dentro desta mesma concepção sociológico-intelectualista, cultura é o refinamento do intelecto ou da razão, o cultivo das artes, letras e ciências. Cultura, em suma, seria apenas o aceito pelo humanismo etnocêntrico europeu.

Para nós, o termo *civilização* não tem maior valor teórico, podendo ser mantido provisoriamente como um signo indicativo do fenômeno de interpenetração ou de expansão cultural (por exemplo, a civilização latina, a civilização industrial americana etc.). Quanto ao conceito de cultura, nós o aceitamos, mas não em sua estreiteza sociológica nem em sua excessiva generalidade antropológica. Cultura significa, para nós, o conjunto das relações de sentido (atualizadas em comportamentos, normas, valores) presentes em todas as instâncias de uma formação social. O "social" não se confunde com o "cultural". Mas o que é o "social"? Para Roger Establet[56], interpretando P. Bourdieu, seria o "conjunto das estruturas objetivas que repartem os meios de produção e o poder entre os indivíduos e os grupos sociais e que determinam as práticas sociais, econômicas e políticas". Este conjunto de "estruturas objetivas" (outro nome para *relações de força*) é exprimido ou significado por outro conjunto, relativamente autônomo, que é a *cultura*. A cultura está presente até na economia, mas como uma superação do limite de uma prática (a econômica) diretamente regida pelo funcionamento social.

Enquanto relação de sentido, o fenômeno cultural tem uma autonomia relativa diante do social. Mas é preciso frisar que a cultura dominante numa formação social é sempre a cultura da classe dirigente, embora não seja necessariamente a cultura predominante para a maioria da população. No Brasil, a cultura dominante procura autodefinir-se a partir dos parâmetros etnocêntricos europeus. Ao se escrever para um público ocidentalizado, é difícil deixar de lado, sem mais nem menos, a concepção sociológica de cultura como requinte ou como confirmação do progresso da razão clássica. Por isso, consideramos que essa concepção pode ser usada, desde que esclarecida sempre por suas derivações atributivas – erudita, popular, de massa[57] etc.

---

56. ESTABLET, Roger. "Cultura e ideologia". *Tempo Brasileiro*, n. 36-37. Rio de Janeiro, [s.d.].

57. Estamos conscientes da insegurança científica da noção de "massa". Mas sem dúvida nenhuma existe o fenômeno de um momento cultural, a que se dá o nome de "industrial" ou "de massa", com o qual retorna a velha ideia de uma "cultura-tipo" (de inspiração romântica, aparecida no início do século XIX), que pretendia servir de modelo a outras culturas nacionais. Naquela época era a *Kultur* germânica (tanto em Fichte como nos românticos, cultura confunde-se com o Estado e a nação germânicos), agora é a *mass-culture* norte-americana.

Entretanto, ao aceitarmos o nome de *cultura* para a estrutura de sentido que possibilita a organização de todo agrupamento humano, achamos conveniente manter com reservas[58] o postulado metódico (desenvolvido por Lévy-Strauss, principalmente na *Antropologia estrutural*) de que a face implícita, de base, da cultura está constituída por regras de comunicação, que regem as trocas entre os indivíduos. Assim, toda cultura é vista como uma estrutura biface. A primeira, explícita, consistiria no "conjunto dos sistemas de comportamento que representa a projeção, no nível do pensamento consciente e socializado, das leis universais que regulam a atividade inconsciente do espírito"[59]. Cultura aqui significa um acervo de representações (fenômenos culturais comuns: regras, condutas e valores), produzidos pelas instituições de um agrupamento social.

A segunda face, implícita, consiste no código da cultura, isto é, no sistema das *leis de troca*. As trocas sociais não ocorrem apenas ao nível de bens ou de coisas, mas de quaisquer atividades necessárias à existência do elemento humano. Toda socialização passa por um processo de troca, que por sua vez pressupõe uma *função simbólica*, entendida como um modo de fazer equivaler coisas diversas ou, simplesmente, um *modo de substituir*. Não existe cultura sem um processo de simbolização (consequência

---

58. Identificando troca e comunicação, Lévy-Strauss sintetiza em três capítulos essenciais o domínio diverso das comunicações: comunicação de bens (economia), de mulheres (parentesco), de mensagens (linguagem). O último capítulo serve de paradigma ao conjunto, surgindo de seu estudo a ideia de uma estrutura universal ou metaestrutura, cujas aplicações se estenderiam a todo domínio cultural. Embora aceitemos a caracterização de comunicação como troca, fazemos reservas tanto à tentação estruturalista do paradigma linguístico quanto à pretensão de uma *mathesis* universal das culturas.

59. LÉVY-STRAUSS, Claude. "Langage et société". *Anthropologie structurale*. Paris: Plon, 1958.

da função simbólica) específico, capaz de fornecer ao conjunto um sentido ou uma coerência significativa.

A nosso ver, esse processo simbólico que atravessa a formação social, de maneiras diferentes, em todos os seus níveis, é o que se pode chamar de *ideologia lato sensu*, a lei estrutural inconsciente do sistema. *Stricto sensu*, ideologia é o modo de coerência típico do modo de produção capitalista. É uma coerência do tipo especulativo-filosófica ou racional (diferente da coerência operada pelo mito) cujos conteúdos são produzidos pelas diversas instituições (jurídicas, políticas, morais, religiosas, informativas etc.) de uma formação social. Quando nos referimos a *uma* ideologia (e na verdade só podemos conhecer a ideologia através das práticas contraditórias das ideologias), estamos falando de conteúdos de pensamento, de formações ideológicas específicas de cada instituição.

Ideologia, portanto, é o modo, a forma, de coerência significativa da produção econômica dominante no Ocidente. Uma ideologia dominada só pode manifestar-se como uma falta, uma lacuna, no discurso da ideologia dominante, sempre tendente a recalcar qualquer manifestação cultural, isto é, qualquer fenômeno simbólico, que possa colocar em questão a sua hegemonia. A ideologia, embora colocada sempre numa situação contraditória, não pode jamais tolerar a sua contradição interna.

Ideologia e cultura brasileira

A cultura de todo e qualquer grupo humano se constitui através de uma pluralidade ou heterogeneidade dos aspectos – anômicos, heterônomos e autônomos. Estas caracterizam os momentos de diferenciação (ou de contradição) pelos quais passa a cultura ao afirmar a sua identidade. De um ponto de vista dinâmico-cultural, a coesão e a organização de uma sociedade não pode obliterar as suas diferenças, implicadas na pluralidade dos elementos constitutivos da identidade do conjunto. O grupo, como sua cultura, é sempre plural.

O Brasil é um excelente exemplo. A uma pretensa identidade urbana e cosmopolita, contrapõe-se um Brasil de expressões culturais diversificadas ou heterogêneas. Manuel Diegues Jr. identifica[60] nove diferentes regiões culturais (Nordeste agrário do litoral, Mediterrâneo pastoril, Amazônia, mineração no planalto, Centro-Oeste, Extremo-Sul pastoril, zona de colonização estrangeira, zona do café, faixa urbano-industrial), embora se possa acrescentar outras. Todas estas regiões se caracterizam por uma complexidade de traços, nos quais estão mesclados elementos etnoculturais africanos portugueses e indígenas prevalentemente.

Para evidenciar a pluralidade cultural brasileira, basta considerar o Nordeste. Seria impossível falar-se de uma unidade absoluta ou de uma uniformidade entre a realidade sociocultural nordestina e da *sociedade global*, representada principalmente pela faixa urbano-industrial, que é regida pelo modo de produção dominante. A diversidade nordestina é evidente no nível dos comportamentos, falares, formas religiosas e lúdicas e, mesmo, ao nível dos recursos de sobrevivência. A propósito, afirma a etnóloga Juana Elbein dos Santos[61]: "A heterogeneidade se expressa clara-

---

60. DIEGUES JR., Manuel. *Etnias e culturas no Brasil*. Rio de Janeiro: Civilização Brasileira, [s.d.].

61. Em artigo no boletim *Sarapégbé*, n. 3/4, da Sociedade de Estudos da Cultura Negra no Brasil – Secneb.

mente na medida em que se compartem paralelamente instituições oficiais compulsórias (educação, casamento, justiça etc.) com instituições alternativas e até excluintes, como acontece nos grupos coesos em torno de instituições herdadas e reelaboradas de modelos negro-africanos. Essas instituições, apesar de divergentes, deixam intacto o sistema institucional oficial". Vê-se assim que ao Brasil urbano e cosmopolita, cujo universo sociocultural tende a ser representado pelos *mass-media*, contrapõe-se um Brasil de expressões culturais diversificadas ou heterogêneas – às quais pode-se dar os nomes de "concorrenciais", "diferenciadas" ou ainda "alternativas".

Mas essa diferenciação é negada pela cultura tecnologizada (urbano-industrial), cujo símbolo mais eficaz é hoje a televisão. Realmente, uma verdadeira comunicação cultural no interior de uma formação social teria de se dar num espaço de troca ou de reciprocidade, onde a manifestação das diferenças puder restituir virtualmente a dinâmica de organização do grupo social. A ideologia – modo de coerência da produção dominante – deveria, em tal caso, situar-se num espaço de comunhão com outros modos de coerência ou outros códigos culturais. Isto, porém, revela-se utópico. Na sociedade industrial, toda e qualquer manifestação cultural tende a ser abarcada pela ideologia. Em termos institucionais, tende a ser recuperado pela escola ou pela *cultura industrial* – esse corpo sincrético e homogeneizante processado pelos *mass-media* (meios de informação, de difusão de conhecimentos, de opinião, de entretenimento etc.) a partir dos conteúdos da *cultura erudita* e da *cultura popular*. Ao informar, isto é, ao fixar os significados e as representações sociais estabelecidas por seu código, o *medium* cala a ambivalência, esvaziando o sentido da troca. Interessa-lhe fazer passar apenas os significados afins com o predomínio das leis do mercado.

A ideologia da produção monopolística projeta-se hoje em escala planetária, impondo a lógica do consumo, que é um modo de produção de significações regido pela sistematicidade do valor de troca, pelo totalitarismo do código. A produção sistemática do sentido, que hoje define o universo do consumo, deixa cada vez menos espaço à existência de esferas culturais autônomas, ou seja, a formações simbólicas diferenciadas, diversas do modo de produção dominante. Em outras palavras, as manifestações simbólico-culturais (a face explícita da cultura) da moderna sociedade industrial, ao serem progressivamente assumidas pelos *mass-media*, dificilmente podem ser encaradas como fenômenos relativamente autônomos, externos à produção de bens materiais. A cultura (enfatize-se: o conjunto das relações de sentido) é agora a própria operação de disfarce e escamoteação dos mecanismos de poder acionados pela produção material.

No Brasil, a cultura industrial impõe-se em conjunção com o fator de inovação tecnológica (que tem colocado o país em relação de dependência com centros externos) e no quadro mais amplo de um crescimento descontrolado da produção monopolística. O sistema televisivo se investe, como qualquer outro setor acionado pelo avanço tecnológico, de caráter monopolístico, com suas inevitáveis consequências: escala de produção elevada e, na luta pelo domínio do "mercado" cultural, destruição ou assimilação das culturas concorrenciais. Estas culturas diferenciadas, implicando frequentemente formas alternativas de comunicação (comunicação interpessoal e oral como via de regra), são incompatíveis com o código implícito do *medium*.

Examinemos um caso concreto. Em julho de 1976, a TV Globo transmitiu, com pompas e circunstâncias prévias, o documentário *O poder do machado de Xangô*, que pretendia dar ao público uma visão do universo simbólico implicado nos cultos nagôs (afro-brasileiros). Comparado ao tratamento sensacionalista e folclorizante que os meios de informação costumam dispensar aos cultos de origem popular, o documentário foi bastante comedido. No entanto, apesar do apuro técnico e das melhores intenções de seus realizadores, não conseguiu respeitar realmente a cultura de que falava nem transmitir ao público parcela nenhuma do verdadeiro saber dessa cultura.

Por quê? Em primeiro lugar, é preciso ressaltar a diferença de códigos entre a cultura nagô e da televisão. Já dissemos antes que a tevê não engendra um verdadeiro processo de comunicação, uma vez que a relação por ela instaurada censura a troca dialética entre falante e ouvinte, negando a este último a possibilidade de resposta. Na cultura nagô, ao contrário, conforme esclarece Juana Elbein dos Santos em sua magistral tese de doutorado *Os nàgô e a morte* (Vozes, 1976), a troca comunicacional é fundamental ao sistema, uma vez que a palavra pronunciada tem um poder de ação. Apoiada na relação interpessoal e na transmissão oral, a palavra não pode prescindir da presença *real* dos termos polares do processo comunicacional (falante e ouvinte), a fim de que efetivamente se cumpra a sua força de atuação existencial, para além das meras finalidades de referenciação ou de racionalização semântica. Um conteúdo semântico, uma significação qualquer (num texto ritualístico, numa cantiga, numa invocação) só vale aí enquanto gerado na convivência com a tradição e com o presente concreto do grupo. Nenhum conhecimento se dá fora do respeito às regras de iniciação, isto é, fora da *prática cultural*.

Ora, a imperatividade dessa relação interpessoal e concreta é anulada de saída pelo tipo de relação que a televisão mantém com seu público. Em seguida, o *saber nagô* que a tevê pretende transmitir ou vulgarizar – devido à relação unilateral e intransitiva entre *medium* e público – converte-se numa mera experiência narrada, num *modelo* de saber, onde os conteúdos antes atuantes e operatórios convertem-se agora num "espetáculo cultural". O que se diz da ciência vulgarizada pelos *mass-media*, pode-se afirmar dos protocolos culturais diferentes transmitidos pela televisão: o discurso sobre um saber não é a mesma coisa que a comunicação real desse saber. Por melhor que esse discurso se organize do ponto de vista técnico-formal (isto é, por mais bem feito e mais bem-intencionado que fosse o documentário aludido), o telespectador receberia sempre conteúdos modelados por uma lógica de linguagem totalmente diferente daquela implicada no saber cultural que se pretende transmitir.

Reiteramos que a incompatibilidade entre, por exemplo, a cultura afro-brasileira e a televisiva, não está na eletrônica ou na modernidade técnica dos equipamentos de tevê, mas no tipo de relação social induzido pelo *medium* televisivo. A cultura nagô poderia empregar a televisão, desde que esta pudesse se situar como um *instrumento* a ser *usado* na prática do grupo em questão. Em outros termos, que a televisão fosse um dos meios de trabalho possíveis e não a *forma* total e necessária do sistema. É preciso também admitir a hipótese de que, para os participantes da comunidade religiosa afro-brasileira, o documentário em questão tenha sido recebido segundo o código litúrgico do *terreiro*. Assim, para este, o que pode ter importado mesmo era saber se o figurante do documentário tinha ou não autoridade para falar como representante do culto de Xangô.

Seja como for, ciência e cultura na tevê acabam representadas como *fait-divers*, objetos de um interminável *voyeurismo*. Arrancados de seu próprio contexto dinâmico, os conteúdos das culturas nacionais diversificadas podem apenas ficar disponíveis para uma recuperação educacional-modernizadora ou para um reaproveitamento industrial, agora operados pelo sistema televisivo. Deste modo, nega-se ou recalca-se a *alteridade* cultural. E quando os intelectuais paternalistas clamam aos céus pela *elevação do nível* da programação de tevê – com frases do tipo "É claro, não se pode contestar o baixo nível de informação das classes populares" (*Jornal do Brasil*, 29 de fevereiro de 1976) – e acreditam beatificamente nos contos de fadas da informação, estão fazendo o jogo do *medium*, estão sendo porta-vozes complementares do sistema da televisão.

Esses argumentos intelectualistas, vagamente neoiluministas, só servem para esconder a verdadeira problemática da televisão, que não se pode desvincular de um modelo de crescimento econômico nem de um modelo cultural impositivo, nos quais se acham implícitas a economia monopolística, a hegemonia da cultura urbano-industrial e a expropriação das possibilidades de expressão popular.

Avaliar a situação da comunicação e da cultura no Brasil implica em tomar contato com os seguintes tipos de fatos:

1º) *A ação do sistema televisivo é decididamente predatória com relação às formas populares de cultura* – Com exceção da cultura negra da Bahia (e das formas comunitário-religiosas que conquistaram as periferias urbanas da região Centro-Sul), que soube manter no recesso dos *terreiros* (comunidades litúrgico-culturais) a sua continuidade institucional, as demais variações culturais tendem a ser absorvidas e manipuladas pelo *medium*. É o caso da literatura de cordel nordestina, dos violeiros, do samba de morro carioca etc. A *canção*, que num passado bem recente era de produção *predominantemente* popular, tende a ser açambarcada pelos modelos industriais, aos quais podem aderir com rapidez os universitários ou as pessoas *letradas*. Ao mesmo tempo, o mercado musical é disputado ferozmente pela produção fonográfica norte-americana que, juntamente com os discos, vende modelos de composição musical e de comportamentos sociais.

A tevê e o rádio têm um papel decisivo nesta descaracterização musical do país. Um dado significativo: em julho de 1976, sete dos 10 discos *long-playing* incluídos na *parada de sucessos* e na relação dos mais vendidos eram de tipo *discothéque*. Isto significa que os discos não têm um intérprete definido, reunindo em suas faixas artistas diferentes. Segundo as gravadoras, para as quais o fenômeno é altamente satisfatório do ponto de vista financeiro, este tipo de consumo se deve à programação musical, em estilo "colcha de retalhos", das emissoras de rádio e tevê. Em outras palavras, o sistema da televisão (conjugado até com a indústria fonográfica) começa a impor também a sua fórmula mercadológica de audiência musical. O samba de morro – espontâneo, comunitário e popular – breve poderá ser apenas uma reminiscência, mas certamente bem manejada por uma fórmula de mercado qualquer.

2º) *O monopólio da fala pelo sistema televisivo exerce a função de neutralização das possibilidades de expressão popular* – Indicamos no item anterior como um caminho de expressão popular é expropriado pelo *medium* em aliança com a classe média educada ou modernizada.

No projeto de hegemonia do *medium* está implícita a tentativa de impedir qualquer continuidade institucional ao nível da cultura popular. O fenômeno da *soul music* no Rio de Janeiro é um caso exemplar. A partir de meados de 1976, a imprensa carioca começou a chamar a atenção para a vertiginosa difusão da *soul music* (gênero musical norte-americano, de origem dividida entre o *jazz* e o *rythm and blues*), junto aos jovens negros da Zona Norte do Rio. Calculava-se em um milhão o número de adeptos do que se caracterizaria como um "movimento" negro, cujas estritas finalidades seriam a promoção de bailes de música *soul*. Mas, ao lado dos bailes, desenvolveram-se usos paralelos (trajes característicos, gíria incipiente plena de americanismos, gestos marcados) em nada afinados com qualquer tradição cultural brasileira.

A inautenticidade cultural do movimento é evidente: o *soul*, que nos Estados Unidos constituiu parte dos símbolos de afirmação da ascensão social do negro (isto é, de integração a padrões brancos), aqui não passou do arremedo alienado e nervoso de um *habitus* estrangeiro. O que poderia ter sido um congraçamento, em bases brasileiras, de jovens pobres, uma busca de identidade histórico-cultural para compensar ou resolver discriminações de classe e de cor (implícitos no movimento *soul music* da Zona Norte), foi neutralizado nas raízes por padrões culturais importados pela indústria da comunicação. Os adeptos cariocas do *soul* trocaram, sem suspeitas, a riqueza expressiva e cultural da música brasileira (do samba de morro tradicional, por exemplo, que envolve comunitariamente produtor e consumidor, artista e público) por

130

fórmulas musicais de segunda classe, hábitos estereotipados, artistas distanciados e remotos, no estilo das supervedetes.

Pode-se deduzir que foi o *medium* industrial (seu código cultural) quem criou o movimento *soul* carioca. E o fez na forma da televisão, separando radicalmente produtor e consumidor, falante e ouvinte. Pouco importa se o faturamento se destinava a cofres negros ou brancos. O importante a se destacar é que milhares de jovens brasileiros foram acionados e desviados culturalmente por uma remota estratégia de *marketing*. O que os jovens perdiam de prática cultural comunitária voltava na forma de um consumo anestésico, neutralizador das asperezas das questões verdadeiramente socioculturais.

3º) *Os valores culturais alternativos só podem ser percebidos pela tevê na forma de clichês exótico-pitorescos* – Um bom exemplo disso foi a telenovela *Saramandaia* (de Dias Gomes, TV Globo, 1976). O que em princípio parecia representar a inserção de valores caboclos na cultura "de massa" nacional, converteu-se, na realidade, numa negação da dinâmica diferenciante das variações culturais. Com efeito, *Saramandaia* pretendia, através da incorporação de elementos culturais afins com a *literatura de cordel* (o homem de asas, a mulher gorda que explode, o lobisomem, o homem que tem um formigueiro no corpo etc.), retratar uma vila nordestina com suas tensões, às vezes análogas ou alusivas à realidade global brasileira.

Já afirmamos que uma *cultura representada*, ou seja, a cultura simulada pelo *medium* não passa da recontextualização de elementos antes válidos ou operatórios apenas em determinado grupo social. Assim, os fatos de *natureza maravilhosa* narrados pelos folhetos de cordel têm uma força mobilizadora de consciências na cultura nordestina, pois atesta a convivência dos fenômenos sobrenaturais com os históricos. Tais fatos não podem ser simplesmente transpostos para o discurso urbanoindustrial da tevê, sem que percam o seu sentido original. É que os conteúdos significativos do cordel não são necessariamente vividos como "absurdos" pela sociedade que os lê ou consome. Na telenovela, entretanto, foram reaproveitados em conexão com a moda do realismo fantástico no romance latino-americano, como referentes remotos e absurdos, logo exótico-pitorescos. No sistema da televisão, poderiam servir, no máximo, como alegoria. Da cultura nordestina, fica apenas uma certa imagem social.

É preciso insistir: a televisão é um fenômeno urbano-industrial, e não pode ser agrícola ou interiorano. Isto não se deve, claro, a razões técnicas, mas ao fato de que o homem do campo não conta no discurso hegemônico urbano-industrial. Houve um momento no Brasil em que a televisão deixou entrever esta contradição entre campo e cidade: a *fase do grotesco*, que visava à formação de uma audiência básica no Centro-Sul. Hoje, a tevê oculta essa contradição através de uma reelaboração modernizadora das culturas excluídas, onde o interior, o campo, a cidadezinha, aparecem como valores negativos, arcaicos ou algo a ser superado pela ordem tecnocrática da cidade. Pouco importa a natureza do real, quando a verdadeira realidade do *medium* é a de seu próprio código, a ideologia urbano-industrial.

4º) *As variações culturais são encaradas como formas marginais de existência* – Os segmentos culturais diferenciados, encarados como não participantes ou membros parciais da sociedade global

132

(ordem industrial) convertem-se num "problema educacional", a algo a ser "resolvido" pela ideologia modernizadora do centro econômico-político-cultural. Esta impermeabilidade do sistema à admissão do "outro" cultural reforça os estereótipos sociais e os preconceitos de classe e de cor, na medida em que recusa qualquer diferença (de cultura, de cor, de aparência) de seu próprio centro ordenador. A cidade e sua cultura são impostos ideologicamente pelo sistema da televisão como um universo a ser atingido ou a ser imitado por todos. Às crianças, por exemplo – vistas como mão de obra potencial ou como público de reserva –, a televisão veta o contato à realidade natural, dando-lhes em troca os modelos de existência contidos em seriados infantis (*Pantera cor de rosa, Nacional kid* etc.) ou juvenis (*Lancer, Bonanza* etc.). E a lógica dessas mensagens obedece a um esquema simples: "compra-se" tal ideia (na verdade, um ideologema), do mesmo modo como se compra um produto. A dialética do consumo cultural é elementar: um valor (um modo de vida, uma ideia, um produto) é bom ou ruim, ou se compra ou não se compra – pode haver ambiguidade, mas nenhuma ambivalência. Não pode haver ambivalência neste sistema porque a informação está voltada para a instituição unilateral e unívoca de um certo *ideal do ego*, isto é, de um conjunto pragmático de fins e normas que o cidadão deve cumprir (comprando) para triunfar na sociedade industrial. O princípio diretor desta sociedade é a *competição* – pelo emprego, pelo consumo, pela vida. Em seu projeto ideológico, a única "comunicação" possível é que se institui a serviço da competência subjetiva e tecnoburocrática, da posse ou da propriedade dos objetos e do mundo.

O que não se pode mostrar

Já vimos que a verdadeira comunicação implica a comunhão ou numa troca flexível de ideias, formas de vida e de aspirações. Mas a moderna tecnologia da informação dissolve a espontaneidade da troca comunicacional, artificializando-a, unilateralizando-a, a serviço de uma cultura que não tolera a sua diferença. O projeto ideológico do sistema informativo é produzir um vasto *efeito de espelho* da ordem produtiva ao nível das consciências[62].

A função social do sistema é levar o público a assumir atitudes compatíveis com o estado atual dos conhecimentos, ajustado à sua ótica, sua visão de mundo, à realidade tal como se lhe apresenta aos olhos. Para bem cumprir tal função, o sistema representado pela televisão deve *esconder o que não se pode mostrar* – tudo aquilo que ponha em dúvida, desestruture ou desarticule a univocidade do código.

Não faz muito tempo, houve no Rio de Janeiro um congresso internacional de turismo, e seus planejadores sentiram que os visitantes não poderiam converter em espetáculo os setores excluídos da vida tecnocivilizada da cidade. Convocaram-se as empresas de tabuletas (*outdoors*, como manda o figurino) para tapar o

---

62. Já dissemos que a consciência do receptor não constitui uma folha em branco, onde o *medium* possa garantir absolutamente a univocidade hegemônica de suas mensagens. Entretanto, como o modelo societário-industrial opõe-se hegemonicamente às formas comunitárias de vida (implicadas as culturas excluídas, no caso brasileiro) e estas não se perdem sem danos para a consciência do sujeito, criam-se meios de alívio. A esta função corresponde hoje a multiplicação das técnicas psicoterapêuticas nos grandes centros urbanos. Este "inchamento" dos serviços psicoterapêuticos indica a falência de uma cultura fundada na distância do capital e na irreversibilidade dos circuitos de fala entre os indivíduos. E, como sempre, neste capítulo também saem perdendo os excluídos – porque os benefícios das psicoterapias, se os há, exigem renda, e das altas.

134

que não se podia mostrar: os pardieiros, o lixo, as favelas. Ficou evidente que, além de apregoar salsichas e alpargatas, os tapumes coloridos tinham a importante função social de *modernizar* a paisagem, de reajustar a imagem da terra às exigências estéticas das retinas. Veja-se bem: não se cogitou uma vez sequer da reestruturação do espaço social, mas das atitudes prováveis diante desse espaço. É exatamente isto o que chamamos de tele-visão do mundo.

V
Futebol, teatro ou televisão?

Uma vez no ar, a TV Educativa do Rio de Janeiro (Canal 2) elegeu o futebol como *fenômeno cultural* de frequência preponderante nas suas transmissões. Temos demonstrado que a televisão implica no domínio exacerbado da visão sobre a prática social efetiva. O que seria o futebol apenas *visto*, e não *praticado*? Não dependeria o futebol brasileiro, enquanto fenômeno cultural realmente significativo, da *presença física* do torcedor no estádio e de sua *participação concreta* nas circunstâncias do jogo? Não seria o fenômeno futebolístico nacional incompatível com a economia e com a ideologia do sistema televisivo? Se fosse preciso fazer uma comparação, não estaria o futebol mais do lado do teatro? Neste último aspecto incidirá a nossa tônica: futebol, no Brasil, também é teatro, embora se recalque esta significação. Achamos que reencontrar as articulações históricas, que, na formação social brasileira, produzem esta significação ou este "índice" de teatralidade, pode trazer mesmo a indicação de alguns caminhos para uma Semiologia (ou uma Sintomatologia) do fenômeno social.

Será preciso estabelecer dois pontos preliminares:

1°) *Esporte e indústria têm afinidades de estrutura* – O esporte, tal como hoje o conhecemos, é filho legítimo da Revolução Industrial. Não se deve confundi-lo com o *jogo físico*, que se caracteriza pela espontaneidade de movimentos, pela despreocupação com relação a um fim produtivo, pela liberdade do corpo. A diferença entre os modernos jogos olímpicos (início: 1896) e os praticados pelos antigos gregos está em que estes, embora voltados para a competição individual, não eram esportes, mas *torneios*, que recebiam o seu sentido das celebrações rituais exercidas no interior de uma *Polis* (a comunidade politicamente constituída) sacralizada. O indígena, por sua vez, não pratica esportes. Pode lutar, nadar, competir, mas nenhuma destas atividades tem um sentido que se poderia chamar de "esportivo". Quando o silvícola do Xingu, ainda hoje, empenha-se numa luta corporal (o *uka-uka*), puramente competitiva na aparência, está desenvolvendo um esforço que não tem um fim em si mesmo. As proporções de seu corpo, a rijeza de seus músculos, a espontaneidade de seus movimentos, não estão postos a serviço da unidimensionalidade de um adestramento com uma meta prefixada. A luta do índio é sobretudo a exibição do excedente (e não da poupança orientada, como no esporte) de sua força vital, e isto transcorre num clima de alegria e de cavalheirismo para com o vencido, sem ressentimentos e sem necessidade de árbitros. A luta é, aí, um rito de fraternidade, puro jogo físico – e não esporte. É preciso esclarecer que, ao opormos jogo e esporte, não queremos afirmar a esterilização absoluta da função lúdica (muito bem analisada por J. Huizinga em *Homo Ludens*) no esporte. Queremos, sim, afirmar que o esporte está além (e aquém) do jogo, que o esporte é *outra coisa*. Um episódio mais próximo ilustra bem a diferença: no final do ano de 1974 jogadores profissionais do Rio comemoraram o início das férias futebolísticas com uma partida de futebol. Ou seja, essas pessoas brincaram, "jogaram" (no sentido radical da palavra) realmente futebol. Jogar era o que fazia, por exemplo, Garrincha. Para ele, não havia competição (já que brincava o tempo inteiro), e as regras técnicas existiam para serem contrariadas (talvez por isso os psicólogos tenham chegado ao conhecido diagnóstico de "retardamento"). Na Copa do Mundo de 1958, quando todo o Brasil se achava em suspense, só havia uma pessoa tranquila entre os jogadores: Garrincha.

A lógica do esporte, tal como é concebido no Ocidente, é a mesma que situa em esferas diferentes as noções de corpo e espírito. A concepção de uma "natureza dupla" do homem está presente tanto na tradição cristã quanto no pensamento filosófico – de Aristóteles a Descartes. O espírito (*res cogitans*) é aí pensado segundo as modalidades da experiência objetiva (*res extensa*), reduzindo-se assim a um fantasma do *cogito*. Para Descartes, a alma governa o corpo assim como o timoneiro dirige o navio: a dicotomia alma/corpo é a mesma timoneiro/navio. O corpo (que Pascal chama, com desprezo, de "este trapo") equivale conceitualmente à máquina. É algo a ser dirigido, a ser submetido.

O esporte pressupõe não só esta filosofia do corpo, mas também a mecanização dos meios de trabalho (aos quais surge como reação) e um certo processo de produção que submete inapelavelmente o corpo do homem. Em princípio, o esporte parece gerar uma reação ao controle do corpo pela máquina, mas é logo envolvido pela mesma trama de relações em que esta funciona.

Não demora a converter-se numa forma de organização técnica do corpo, capaz de reproduzir as regras políticas dominantes, como qualquer outra organização produtiva. Pode, assim, funcionar à semelhança de uma indústria, desde a execução mecânica dos movimentos de um atleta (tecnicamente avaliável por instrumentos de precisão) até a fixação de fins (a vitória sobre o próprio corpo, sobre os competidores ou a conquista de *recordes*), o relacionamento entre os esportistas e os meios de acesso à prática esportiva. Desta maneira, o corpo do atleta submete-se a uma linha evolutiva, a um progresso técnico, exatamente como uma máquina. Por exemplo, um campeão de natação da década de 1920 nada seria em comparação a um nadador olímpico dos anos 1970: houve *progresso* ao nível dos recordes estabelecidos, das técnicas de treinamento e dos instrumentos de avaliação do desempenho.

Futebol não é "popular esporte bretão" por acaso. Embora desde os tempos antigos o jogo da bola tivesse sido praticado por chineses, gregos, egípcios, astecas e bretões (século XII), o futebol só apareceria, no quadro conceitual do *sport*, no país que primeiro realizou sua Revolução Industrial: a Inglaterra. Quando surge no Brasil, tem como focos de irradiação o meio industrial (fábricas e usinas) ou círculos mais aristocráticos, ligados aos hábitos de lazer da colônia europeia presente nos começos de nossa moderna formação econômica urbana.

2º) A prática do esporte pode ser, predominantemente, uma prática política – Na medida em que incorpora técnicas de exercício corporal numa forma produtiva (aquisição de reflexos, harmonia muscular), o esporte produz necessariamente relações sociais – que permitem caracterizá-lo como uma prática política. É a partir da Idade Clássica europeia que o corpo se torna objeto de um poder exercido através de uma verdadeira economia política corporal, implicada nos métodos disciplinares dos exercícios. O soldado, por exemplo, é tratado como uma máquina, a fim de tornar-se aquilo que Michel Foucault chama de "corpo dócil", ou seja, o corpo definido, em suas mínimas operações, numa relação coercitiva com o aparelho de produção. Nos locais públicos, na escola, à mesa, os atos e os gestos amoldam-se a uma nova economia do corpo, em que este deixa ver o funcionamento metódico de um organismo. O esporte, com suas regras e sua organização interna, surge como o desenvolvimento externo dessa economia corporal do tempo livre do sujeito. O corpo do atleta é uma síntese dos investimentos tecnopolíticos contidos no exercício físico. Como no soldado, o corpo atlético é um corpo disciplinado, adestrado na harmonização de forças supostamente capazes de produzir saúde, como uma máquina eficaz. O esporte implica realmente numa política do corpo. E em certas conjunturas históricas, a *Ordem Social* – que é o objeto formulado ou produzido por toda prática política – transparece claramente na ideologia esportiva.

No Ocidente de hoje é preciso buscar o fato político sob os muitos véus com que o cobre a Ordem Social. Se no passado as ideias políticas (humanistas) de liberdade e igualdade serviram, como valores universais, para a ascensão de uma classe (a burguesia) em luta contra a aristocracia, hoje as mesmas ideias empalidecem para que ganhe força uma nova, muito mais vital à etapa presente da produção monopolística: a ideia universal do consumo de bens. Na chamada sociedade de consumo, impõe-se o apagamento da função política, da qual o cidadão tende efetivamente a desinteressar-se, em nível manifesto. Mas quando se retoma o antigo conceito aristotélico de política, vê-se que o homem contemporâneo continua sendo o velho *zoon politikon* (animal político), na medida em que seus atos fundamentais permanecem ligados à sua posição contraditória no interior da *Polis*. Como na neurose mística, onde o desejo disfarça a sua presença, a política está sempre presente no universo mítico do consumo, e é uma política de discriminação de classes e de preservação do sistema atuante. Assim, o fato político pode ser hoje encontrado, por deslocamento, em outros lugares, outras cenas, explodindo sob as máscaras e os véus.

O jogo e o teatro

Estabelecidos os dois pontos preliminares, podemos começar observando que o futebol, mais do que mero esporte, tende hoje a transformar-se num grande espetáculo de massa. No caso brasileiro, ele se afigura, sob o véu da classificação esportiva, como uma prática política teatralizada. Existe, claro, um lado esportivo inconteste, já que uma partida de futebol se baseia na prova de qualidades físicas ou de destreza com a bola, sendo incerto, no início do jogo, o seu resultado. O jogo tem um sentido ritualístico (a execução das mesmas regras), mas com uma taxa elevada de informação, contida na surpresa quanto ao afrontamento físico dos atletas. Por outro lado, a profissionalização do jogador permite-lhe converter-se num especialista em sua função, capaz de constituir, por si só, um espetáculo. O grande *show*, entretanto, é criado pelo que se poderia chamar de *circunstâncias do futebol*. Esta expressão abrange os jogadores, os juízes, os comentaristas e, principalmente, o próprio público. No espetáculo futebolístico, o torcedor é espectador e ator ao mesmo tempo. Espectador, porque não participa fisicamente do que se passa em campo. Ator, porque a "torcida" (a discussão acalorada, o arrebatamento, enfim a maneira como o espectador desempenha o seu papel) faz parte necessária do *show*.

Esta aproximação entre o descontraído futebol e o tão elaborado teatro não é absolutamente arbitrária. Brecht encarava a di-

141

versão ou a recreação como as funções mais gerais do espetáculo teatral. Teatro, para ele, tanto o antigo como o moderno, não é mais do que a produção de "representações vivas de fatos humanos urdidos ou inventados, com o fim de divertir". Até a famosa *catharsis* (efeito de purificação através do horror ou da piedade), que hoje nos parece tão grave, tinha um propósito divertido na tragédia grega. O teatro tem relações estreitas com a brincadeira e o jogo. Freud chega a observar que as crianças brincam de adultos, e os adultos, no teatro, através do fenômeno da identificação, são heróis imaginários, de brincadeira, que se poupam das vicissitudes do herói de verdade. Em *O declínio da Idade Média*, nota Johan Huizinga que os fatos esportivos "sempre e por toda parte contiveram um elemento dramático e um elemento erótico". Explica: "Nos torneios medievais, estes dois elementos eram de tal modo dominantes que o seu caráter de competição, de força e de coragem quase tinha sido obliterado em favor do seu conteúdo romântico. Com seus bizarros ornamentos e a pomposa representação, a sua poética ilusão e veemência equivalia-se ao drama de épocas ulteriores".

Efetivamente, no final da Idade Média, a arte dramática era predominantemente sacra, não satisfazendo a fantasias da época (os ideais do amor cortês, da Cavalaria etc.) que ficavam expressas nas justas de cavaleiros. Hoje também o futebol se investe da expressão de determinadas fantasias populares que não encontram representação nas formas artísticas ou para-artísticas contemporâneas. O jogo da bola pode afigurar-se, assim, como um lugar de representações sociais afetadas por valores que circulam no campo ideológico das diferentes classes na formação social brasileira. O conceito (econômico) freudiano de *investimento* pode ser aqui hipoteticamente invocado para melhor compreensão do fenômeno. O futebol, enquanto forma privilegiada da relação social esportiva no Brasil, seria *investido* por produções significativas diversas do corpo social nativo. Se no teatro falamos de *catharsis*, no futebol conviria falar de *cathexis*. A hipótese pode tornar-se mais explícita se considerarmos a questão da mobilização de uma determinada quantidade de energia psíquica, no indivíduo, pelo sintoma. Por exemplo, a substituição inadequada do objeto sexual (capaz de gerar um sintoma do tipo perverso-fetichista) tem como base de alteração uma energia específica, a libido. O que sugerimos como hipótese é a existência (lógica) de uma energia psíquica grupal, regulada por um princípio de constância histórico, capaz de explicar determinadas mudanças de interesses ou de aspirações coletivas, por substituição do objeto. Assim, o futebol seria um "objeto" deslocado (à maneira de uma encenação teatral) de tendências político-sociais frustradas.

Na instituição do jogo da bola, o torcedor faz, como o espectador de teatro, a economia de um esforço – a ação física, o risco atlético real[63].

---

63. Na verdade, todo esporte engendra uma identificação desse tipo. Georges Magnane transcreve em seu livro *Sociologia do Esporte* (Ed. Perspectiva, 1969, p. 85) o depoimento de uma testemunha da chegada vitoriosa do corredor tcheco Zatopek no estádio de Wembley, em 1948: "Zatopek arrastava o espectador na sua ronda triunfal e torturada. Se corria tão pesadamente, era porque carregava nos ombros todo o peso dos homens inumeráveis que podiam correr com ele, que queriam correr com ele. Corria com o peso informe e desajeitado dos espectadores, mas corria com suas vontades de vencer, com a prodigiosa soma das suas energias".

Ao contrário do teatro, o que se passa em campo durante o jogo não é imaginário: uma partida não tem enredo. Mas seus personagens *representam*[64]. Uma história se teatraliza inconscientemente a partir da ação, que transcorre não apenas em campo, mas também, vale repetir, dentro do que chamamos de *circunstâncias do futebol*. Na forma em que estas se dão, reproduzem-se imaginariamente, por investimento, aquelas "representações vivas de fatos humanos", de que fala Brecht. Nessa reprodução investida, plena de mitos políticos, projeta-se uma visão ideológica fantasmática – uma formação imaginária – do funcionamento social.

Assim como no teatro e na encenação psíquica da fantasia, o futebol acena com um *ideal do eu* para mobilizar os mecanismos de identificação do espectador. Trata-se do ideal atlético, do homem de físico perfeito (Pelé em campo já foi comparado a Apolo) que corre o campo inteiro durante o jogo, ou de físico não tão perfeito, mas com senso de orientação, garra, jeito para a bola. Por outro lado, a exemplo da prática política, o futebol assimila o real *já dado* na sociedade, reforçando ou retraduzindo determinados sentidos mantidos pela Ordem Social. Ele faz, a seu modo, uma "representação viva de fatos humanos". A uma política do corpo, junta-se uma visão política do comportamento social.

---

64. Não se representa apenas no teatro *scricto sensu*. A dinâmica fundamental de todo grupo social é a representação. Representar, explica o professor Emanuel Carneiro Leão, é *pôr*. O quê? As vicissitudes de diferenciação que cada integrante do grupo (ou da comunidade) atravessa inconscientemente para constituir a sua consciência. No teatro, a comunidade se identifica com as vicissitudes, com o andamento de sua diferenciação. *Ator* significa em grego *aquele que responde* (*hypokrités*). Responde a quê? Às necessidades de representação dos momentos cruciais do desenvolvimento do grupo. Representar é responder à provocação de restituição da dinâmica constituinte do grupo. O sentido teatral que buscamos no jogo de futebol corresponde a uma dinâmica grupal verificável na formação social brasileira.

144

Uma produção abolida

Mas essa política corresponde a um comportamento social que chamaremos aqui de pré-capitalista. Sabe-se que uma sociedade ou uma formação social específica dificilmente se deixa caracterizar pela existência de um único modo de produção. A produção industrial capitalista pode coexistir com uma produção agrária de tipo feudal. Da mesma forma, o modo de produção capitalista pode contar, em certos setores, com forças produtivas (entendidas como forma de organização do processo material de trabalho) remanescentes de um modo de produção anterior – no Nordeste brasileiro ainda é visível a coexistência de diferentes modos de produção. O importante a se destacar, porém, é que também no plano das representações ideológicas convivem formações correspondentes a modos de produção diferentes. O carnaval do Rio de Janeiro é um bom exemplo. Embora sendo hoje um grande espetáculo de massa dirigido por órgãos oficiais e organizações turísticas, simula ser o mesmo rito comunitário, espontâneo, de antigamente, preservando imaginariamente a imagem de um *Brasil abolido*[65].

Com o futebol acontece algo semelhante: a lógica interna da instituição do jogo da bola corresponde a um modo (que chamaremos hipoteticamente de "feudal") anterior ao modo de produção característico do Brasil urbano pós-1930. Para efeitos comparativos, recorde-se o funcionamento de uma corporação de tipo medievalista, como a dos antigos alfaiates ou sapateiros: o

---

65. Fique claro que não arrolamos elementos "arcaicos" como opositivos a "modernos". Recusamo-nos à descrição evolucionista por considerarmos que o elemento antigo se acha contido na nova estrutura como um pressuposto (lógico) abolido, aparecendo, como um sintoma, nas formações imaginárias de grupo.

aprendiz, o artesão, não dispunham de um espaço "livre" para vender o seu trabalho. Faziam parte – assim como os acessórios integram uma propriedade – do sistema corporativo artesanal (a venda "livre" do trabalho só se verifica no âmbito do modo de produção capitalista). Em compensação, o sistema atribuía ao seu trabalho um valor ideológico (o reconhecimento da criatividade pessoal, do momento único e irreversível da criação artesanal), acima do fato puramente econômico. É que, na produção antiga, a riqueza (bens produzidos) não tinha um fim em si mesma, implicando também no desenvolvimento da personalidade do indivíduo, do trabalhador. Na produção artesanal, o produto surgia como um desenvolvimento da individualidade do artesão livre. Este tinha um interesse pessoal na qualidade do que produzia, não estando dirigido para o lucro máximo, o lucro pelo lucro. Assim, o aperfeiçoamento individual do artesão impunha-se à ordem da produtividade ou à racionalização dos esforços comandada pela divisão social do trabalho.

A mestria ou a habilidade do jogador de futebol deve-se a seus próprios recursos pessoais, o que está em perfeita analogia com a propriedade dos instrumentos de produção por parte do trabalhador na forma que precede a produção capitalista. O jogador, da mesma maneira que o artesão, não poderia ser um escravo. Mas o jogador, como o artesão, praticamente *pertence* a uma instituição de tipo corporativo: o clube. Este prepara aprendizes (a escola de futebol, o time juvenil) e mantém com o jogador profissional uma relação de tipo feudal: o *passe* (termo equivalente a força de trabalho) é propriedade do clube. Isto significa que há um desequilíbrio entre o fato econômico e o jurídico (com predomínio deste último) na relação de emprego entre o jogador e o clube, indicativo de uma certa "feudalidade".

O *passe livre*, isto é, a liberdade de oferta da força de trabalho do jogador significaria muito provavelmente o fim do atual futebol profissional. Por quê? Em primeiro lugar, porque a introdução de relações de produção plenamente capitalistas desmantelaria a estrutura pré-capitalista do clube (acabando inclusive com os protetores de clubes, os mecenas). Em segundo, porque a transformação do clube em organização empresarial (consequência necessária da liberação da força de trabalho assalariada) teria de apoiar-se na ampliação do futebol como produto-espetáculo, para ser rentável. Isto parece muito duvidoso[66] quando se observa o poder de concorrência de outras empresas de espetáculos, como a televisão. E isto implicaria certamente na liquidação dos investimentos (projetivos e identificatórios) acionados pela instituição do clube, os quais conferem ao futebol o caráter dramático popular a que nos referimos. O gol já não poderia mais ser aquele clímax de uma ação bem-sucedida, coroado por uma colossal sagração coletiva – exatamente como na formação social pré-capitalista sagrava-se a ação social produtiva.

Já na fase atual, o futebol exibe efeitos da contradição clube/empresa, na forma de aspectos "modernizadores". A modernização do comentário jornalístico é um bom exemplo. O velho comentarista agenciava a dinâmica da interação torcedor/jogador através de uma linguagem criativa, fortemente metafórica. Os novos jornalistas do esporte – gente que passou pela universi-

---

66. Depois da última Copa do Mundo, os cronistas do futebol têm insistido no tema da precariedade financeira dos clubes. Segundo eles, os *deficits* aumentam a cada mês, indicando claramente que os clubes estavam despreparados para arcar com os altos salários e com os "bichos" distribuídos aos jogadores. Esta situação evidencia a contradição entre o clube-como-corporação-agremiativa (cuja meta principal é o campeonato) e o clube-empresa, voltado para a produção rentável e para a racionalização da gestão financeira.

dade ou que pelo menos tende a utilizar uma linguagem universitária – procura utilizar um discurso unívoco, a chamada "objetividade jornalística". Um anúncio de programa radiofônico de futebol pode, assim, garantir como atração ao público que, em suas emissões, "bola não é caroço, campo não é tapete verde, juiz não é sua senhoria, time do Água Verde não é esquadrão hidroesmeraldino".

O choque entre relações "feudais" e capitalistas configura a principal contradição interna do futebol – mas a contradição é a matriz da significação, como processo gerador da prática significante. É justamente esta contradição que serve, enquanto *índice* de unidade semiológica, para que uma Semiologia articulada com a história possa enxergar no futebol, além de um sentido "teatral", um lugar de transparência de alguns comportamentos de classe na formação social brasileira – e este é o aspecto político a que aludimos no início. Do ponto de vista metodológico, esta Semiologia tem de encontrar o seu próprio caminho, pois é obrigada a debruçar-se sobre substâncias de expressão *pré-significativas* (movimentos de multidão, roupagens, estandartes, cores, rituais, posturas, gestos etc.) e *significativas* (formas que tenham uma significação material imediatamente intuitível)[67].

---

67. Assim, uma pesquisa semiológica minuciosa poderá, como preliminar metodológica, delimitar um certo número de sistemas de sinais: (1º) *a palavra* – trata-se de avaliar o uso da linguagem articulada tanto no estádio por parte do jogador e do público quanto na imprensa esportiva; (2º) *a gestualidade* – tanto os sinais gestuais dos jogadores, dos árbitros, quanto os verdadeiros movimentos "cênicos" realizados pela torcida são pertinentes à análise; (3º) *a máscara* – aqui entrariam todos os sinais de aparência física dos atores futebolísticos: uniformes, estandartes, trajes particulares, barba, cabelo etc.; (4º) *o cenário* – por este termo entende-se aqui a determinação imaginária da ação no espaço e no tempo, para dar conta das circunstâncias da época e do lugar em que se desenrola o espetáculo futebolístico. Outros sistemas podem ser aventados para a análise detalhada, mas sempre articulados com um denominador comum, a sua unidade semiológica, localizada nos aspectos contraditórios da ordem produtiva futebolística.

Acreditamos que esta perspectiva possa abrir caminho para um estudo do futebol (terreno fértil para qualquer pesquisador) como encenação imaginária de contato e mediação entre as classes sociais no Brasil. Essa encenação parece traduzir investimentos ideológicos correspondentes não apenas a posições de classe e de raça, mas também à posição do país como um todo. No início (nas três primeiras décadas do século XX, o futebol funcionou basicamente como um rito discriminatório de classes. Era um privilégio de brancos ricos (possivelmente um comportamento de conciliação entre comerciantes, latifundiários e elementos estrangeiros), que excluía os nativos pobres, daí o problema racial historiado por Mário Filho em *O negro do futebol brasileiro*. Mas, a partir do final da década de 1920, o mercado interno emerge como principal centro dinâmico da economia brasileira, reavaliando consequentemente os estratos médios da grande formação social urbana. O futebol – por razões que pedem um estudo elucidativo[68] – capitalizou aspectos de uma ideologia populista difusa nos quais se misturavam anseios de entretenimento com aspirações de ascensão social. Nesse quadro social, o jogador de futebol profissionaliza-se e "escurece", ou seja, assimila mulatos e negros, os grandes constituintes das classes pobres. Deste modo, produzia-se através do jogo um mito (uma significação) de ajustamento e identidade no nível da nação, das classes e das raças.

---

68. Poderíamos, por exemplo, considerar a hipótese de que as normas do futebol reproduzem – de forma mais nítida ou mais marcante que os outros esportes – as regras de ascensão individual na moderna sociedade urbana. As figuras do tipo ataque/defesa, meta/gol, avanço/barreira, falta/penalidade etc. reproduziriam, com as naturais mediações, situações sociais que "pedem" um meio de representação no Brasil da primeira metade do século XX.

Quanto ao aspecto da identidade nacional, percebe-se que o nosso futebol joga sempre com uma essência, uma ideia permanente do homem, que poderia ser resumida no ditado: "brasileiro já nasce feito pra quebrar galho e dar um jeito". Lida-se aqui com o famoso mito da esperteza do elemento nacional. Este mito faz crer que dificilmente se encontra alguém mais malicioso, mais inventivo que o brasileiro, supostamente capaz de superar qualquer situação difícil. Quanto mais inferiorizado pareça, maior será a sua vitória. Existe a respeito uma frase exemplar de Mário Filho: "Time brasileiro só mostra realmente o que vale quando entra em campo inferiorizado, cedendo as honras de favorito ao adversário". Depois da Copa do Mundo de 1974, houve inúmeras cartas de leitores a jornais, repudiando o "futebol-solidariedade" ou o "futebol-carrossel" (como característicos dos europeus), para assinalar que futebol é "muito mais criatividade, habilidade pessoal e malícia, coisas que pouquíssimos europeus possuem[69].

Modelos de identificação

Entram também no jogo as modulações de comportamentos de classe. Assim como o santo representa para a comunidade religiosa um modelo de virtude, o jogador representa, para o seu público, uma espécie de modelo de potência social, capaz de traduzir o momento psicossocial de uma classe. Comparem-se, por

---

69. Didi, que passou muitos anos na Europa como técnico de futebol, afirma: "O brasileiro tem, além de habilidade, uma velocidade mental incomparável [...] O jogador brasileiro, normalmente, tem de decidir uma jogada com seus próprios conhecimentos e não com uma armação tática montada pelo treinador, bem ao contrário do que acontece na Europa. Lá os técnicos armam seus truques para um jogo, e o jogador obedece, mesmo não tendo tantas virtudes como o nosso" (*Jornal do Brasil*, 17/11/1974.

exemplo, as reações aos comportamentos, muito diversos, de Pelé e Paulo César. Pelé era o *rei* não apenas porque fosse o melhor com a bola, mas também porque era aquele que sabia ser grato, que reinvestia bem o seu dinheiro, que não exibia à toa os bens acumulados (Pelé, aliás, teria sido um dos primeiros a prever que a desorganização administrativa dos clubes, isto é, sua inadaptação à lógica empresarial, acabaria levando-os à falência). Paulo César, ao contrário, foi o que se entregou à euforia consumista tipo *nouveau-riche*, mostrando suas vistosas aquisições, às vezes agressivamente. Pôde assim representar momentaneamente um modelo indesejável, apocalíptico, diante do de Pelé.

Pelé é um "modelo" especialíssimo. Nele, pode-se "ler" muitos dos aspectos contraditórios da situação do negro brasileiro, na medida em que o "rei" representou claramente um padrão de comportamento ascensional. Ele próprio afirmou várias vezes que há "muitos Pelés" no Brasil. Ser Pelé significa estar dotado de um arsenal fantástico de recursos pessoais (miticamente presente como uma virtualidade em todo elemento nacional), canalizá-lo para uma tarefa produtiva dentro dos cânones admitidos e ascender socialmente (ficar rico)[70]. Deste modo, um negro pode "embranquecer". Não é de admirar, portanto, que Pelé tenha po-

---

70. O futebol é realmente vivido como o grande canal de ascensão social do negro no Brasil. Há a respeito uma história exemplar (contada por Ziraldo em *O Pasquim* da semana de 4 a 11 de julho de 1975): "[...] em Belo Horizonte, um amigo meu tem um filho de dez anos que joga um futebol de Pelé quando criança. Um craque lourinho e rico, que vai pro seu treino nos dentes de leite no carro do papai. Mas, ele, como outros meninos de sua classe, tiveram que parar de treinar porque os crioulinhos e pardinhos e faveladinhos de pés de ouro que treinam com eles não fazem mais que desenvolver a seguinte conversa: "Escuta, aqui, ó bacana? Tu estás aqui pra tirar nosso pão, é? Você vai ser doutor, rapaz, vai ser bacana. Deixa isso pra gente, que é só aqui que pobre tem chance de ganhar dinheiro".

dido registrar seu filho como branco (nome do filho: Edson *Colby*; nome da filha: Cristina *Kelly*), sem que com isso se deva classificá-lo como racista. Um filho branco significa a possibilidade de um filho menos dominado ao nível das relações sociais. Os modelos de identificação variam, assim como os seus efeitos. O fato é que os exemplos se multiplicam, e talvez seja mesmo possível estabelecer uma tipologia psicossocial de jogadores: Gerson, o bom "gerente" de jogo; Rivelino, o de chute e temperamento explosivos; Almir (já morto), "catimbeiro" e briguento; Marinho, um "garoto de Ipanema" em campo; Fio, o que era só simpatia, e assim por diante. A tipologia poderia estender-se a "atores" não atléticos. Por que Armando Marques se destaca tanto? Porque não é apenas juiz em campo, mas basicamente um personagem emotivo, de gestos enfáticos, plenos de significados. Também os comentaristas, os torcedores, preenchem os mais variados papéis.

Uma epopeia nacional

Se os campeonatos locais ou regionais são vividos ao nível das emoções "partidárias", uma Copa do Mundo é sentida como uma epopeia, cujos heróis consubstanciam valores pátrios. A memória da Copa de 1974 é bem recente para que se possa avaliar o quanto a seleção brasileira absorveu da atmosfera político-social da época. De fato, Zagalo absolutizou a palavra *técnico* (sem levar em conta a tradicional teatralidade política da função) e terminou caindo na tecnocracia, que é uma espécie de delírio paranoico da classe média. Ao invés da antropofágica "garra", do "bota pra quebrar", ele impôs seus índices de produção, suas veleidades estratégicas. Fracassada a matemática da vitória, agarrou-se ao argumento (político) de que o quarto lugar era excelente. Os jogadores, por sua vez, caracterizaram-se pelo ascetismo (ficaram reclusos, sob vigilância, ao contrário das outras delegações) e pela obediência irrestrita a juízes nem sempre justos. Segundo o comentarista João Saldanha, a Copa foi altamente discriminatória no que se refere ao tratamento dispensado aos competidores do Terceiro Mundo. Um exemplo: os árbitros eram extremamente condescendentes com os jogadores europeus e enérgicos acima do normal com os outros.

Seria, porém, um grande erro supor que a complexidade do futebol brasileiro possa cingir-se à conceituação de um "aparelho esportivo", algo capaz de reproduzir o tempo todo, de modo reflexivo, a ideologia ou o sistema de relações do poder dominante. Na realidade, o futebol deixa claro que ideologia implica verdadeiramente em formas de atuação das contradições nas relações de poder e que a ideologia popular pode afirmar-se, embora de maneira não organizada, no movimento do drama futebolístico.

Por exemplo, em 16 de junho de 1950, o Brasil perdeu a Copa do Mundo para o Uruguai, no Maracanã. Este episódio ficaria sendo conhecido como o Dia da Vergonha. A história é sabida. Bigode, negro, bom de briga, figura principal no escrete brasileiro, tinha ordens para não reagir a nenhuma provocação dos uruguaios. Desmoralizado pelos gritos e empurrões de Obdúlio Varela, terminou recuando sempre diante das investidas de Gigghia, perigoso atacante uruguaio. O Brasil foi derrotado e, no velório nacional que se seguiu, lançou-se a culpa nos negros do escrete: quando não era Bigode, era o goleiro Barbosa. De lambuja, repe-

153

tia-se o que a ideologia branca dominante sempre fizera significar para o negro – não passava de "sub-raça". Dizia-se que o país não iria para a frente enquanto dependesse do elemento negro.

Entretanto, em 16 de julho de 1952, dois anos depois da rumorosa derrota, os dois escretes voltaram a se encontrar. Foi então um negro, Ely do Amparo, que restaurou os brios nacionais. Na primeira deixa, meteu o braço em Obdúlio Varela, que recuou assustado. Bigode, que estava na reserva, entrou em campo para também bater em Obdúlio. Nilton Santos arrematou com um chute em Gigghia, o autor do gol da vitória uruguaia em 1950. E a seleção brasileira completou a revanche com uma vitória no marcador. "O Brasil se babou de gozo ao pé do rádio", conta Mário Filho, acrescentando que a recepção da volta foi "maior que a dos pracinhas quando voltaram da guerra".

Onde nesta história fragmentária, cheia de fatos aparentemente soltos, emerge uma resposta à ideologia dominante? No fato de brancos e negros do Brasil inteiro estarem solidários no sopapo de Ely. A revanche nacional fora obtida por um crioulo, através do futebol um negro representava o Brasil. Também através do futebol, Baltasar, mulato-escuro, de cabelo enrolado, podia ser o *Cabecinha de ouro*; Robson, o prestigiado jogador negro do Fluminense, podia pronunciar a incrível frase: "Eu já fui preto e sei o que é isso"; Garrincha, com uma perna muitos centímetros maior do que a outra, podia contrariar a ideologia técnica do esporte e deixar os adversários, driblados, no chão – na Copa de 1958, a Rússia, que acabava de surpreender o mundo com o Sputnik, não conseguiu programar a marcação de Garrincha. Ainda em 1958 foi o branco e apolíneo Belini quem segurou a

Taça da Vitória, mas foram Garrincha e Pelé os consagrados pela multidão. E Pelé recebeu o título de "rei".

Não se pode deixar de perceber que, no "teatro" do futebol, representa-se uma outra História do Brasil, onde, nas formas de exercício da luta pelo poder, o povo tem um lugar próprio, demarcado não pelas instituições efetivamente existentes, mas pelo inconsciente histórico nacional, constituído de ideologias abolidas pela ordem simbólica dominante. Essas ideologias remetem à nossa esquecida cultura negra, fonte simbólica não apenas do futebol, mas também de outras formações culturais brasileiras. Para apreender a sua dinâmica, é útil proceder a uma leitura semiótica de suas irrupções. Nos aspectos contraditórios dos modelos, encontram-se também matrizes de significação. Assim, o mesmo Pelé que serve de modelo ascensional branco para os negros exerce ao mesmo tempo uma forma incontestável do poder popular, ao indicar ao elemento preto as possibilidades de um orgulho e de uma soberania.

Se o futebol ainda se investe de uma força extraordinária de celebração popular é porque continua perpassado pelas significações contraditórias de uma cena política imaginária. Em seus dias de festa, o Maracanã é o grande palco de um mito que busca, através do fato esportivo, uma resolução imaginária para aspectos de choque entre a comunidade e a sociedade, entre a nação e o Estado, entre o país e o mundo, entre o homem e uma certa ideia cívica. Afirma Barthes que a eficácia do mito pode consistir na mais absoluta clareza: se o fato político é geralmente obscuro, nada mais claro que o fato esportivo, para a torcida. Se são complicadas para o homem comum as engrenagens de um aparelho de Estado como o Poder Judiciário, por exemplo, em campo se acha simplesmente visível, de apito na boca, a entidade da Justiça – que, no entanto, em caso de erro, pode ser contrajustiçada ali mesmo, ao vivo. É a possibilidade desse "no entanto" que ainda faz do futebol uma grande festa, o grande jogo cênico popular da formação urbana brasileira.

Assim, se a ideologia técnica do futebol de agora tenta impor jogadores assépticos, sem paixões, fotogênicos, oriundos da classe média branca, a torcida não se mexe, não aplaude, não vibra – espera por alguém como Geraldo (já falecido), sem discurso universitário, filho do subúrbio. É este o teatro do futebol.

Claro, o mito esportivo pode pretender que da esfericidade da bola, em sua ausência absoluta de arestas, da felicidade do gol, das bandeiras que levam as cores dos deuses afro-brasileiros, partam sugestões padronizadas de uma comunhão fantasiosa das riquezas ou de uma reconciliação imaginária de classes. A isto poderá realmente levar um futebol de significações congeladas nos modelos espetacularizantes ou "culturalistas" acionados pelo sistema da televisão. A regulamentação da profissão de jogador advém precisamente no instante em que o "espírito" da organização empresarial é "invocado" com insistência para o futebol e em que este se transforma num conteúdo cultural para a televisão educativa. Mas aí então já não será mais o jogo do futebol brasileiro. Pois que cultura de massa não se confunde com a cultura da massa.

CULTURAL

Administração
Antropologia
Biografias
Comunicação
Dinâmicas e Jogos
Ecologia e Meio Ambiente
Educação e Pedagogia
Filosofia
História
Letras e Literatura
Obras de referência
Política
Psicologia
Saúde e Nutrição
Serviço Social e Trabalho
Sociologia

CATEQUÉTICO PASTORAL

Catequese
Geral
Crisma
Primeira Eucaristia

Pastoral
Geral
Sacramental
Familiar
Social
Ensino Religioso Escolar

TEOLÓGICO ESPIRITUAL

Biografias
Devocionários
Espiritualidade e Mística
Espiritualidade Mariana
Franciscanismo
Autoconhecimento
Liturgia
Obras de referência
Sagrada Escritura e Livros Apócrifos

Teologia
Bíblica
Histórica
Prática
Sistemática

REVISTAS

Concilium
Estudos Bíblicos
Grande Sinal
REB (Revista Eclesiástica Brasileira)
RIBLA (Revista de Interpretação Bíblica Latino-Americana)
SEDOC (Serviço de Documentação)

VOZES NOBILIS

O novo segmento de publicações da Editora Vozes.

PRODUTOS SAZONAIS

Folhinha do Sagrado Coração de Jesus
Calendário de Mesa do Sagrado Coração de Jesus
Almanaque Santo Antônio
Agendinha
Diário Vozes
Meditações para o dia a dia
Guia do Dizimista

CADASTRE-SE
www.vozes.com.br

EDITORA VOZES LTDA.
Rua Frei Luís, 100 – Centro – Cep 25689-900 – Petrópolis, RJ – Tel.: (24) 2233-9000 – Fax: (24) 2231-4676 –
E-mail: vendas@vozes.com.br

UNIDADES NO BRASIL: Aparecida, SP – Belo Horizonte, MG – Boa Vista, RR – Brasília, DF – Campinas, SP –
Campos dos Goytacazes, RJ – Cuiabá, MT – Curitiba, PR – Florianópolis, SC – Fortaleza, CE – Goiânia, GO –
Juiz de Fora, MG – Londrina, PR – Manaus, AM – Natal, RN – Petrópolis, RJ – Porto Alegre, RS – Recife, PE –
Rio de Janeiro, RJ – Salvador, BA – São Luís, MA – São Paulo, SP
UNIDADE NO EXTERIOR: Lisboa – Portugal